管理科学与工程丛书　　◉主编：葛新权

管理科学与工程丛书
主编：葛新权

基于契约优化的供应链风险研究

——以农产品供应链为例

Study of Supply Chain Risks Based on Contract Optimization

徐 峰/著

社会科学文献出版社
SOCIAL SCIENCES ACADEMIC PRESS (CHINA)

本书受北京市教委科学技术与研究生建设项目资助
本书受北京市重点建设学科管理科学与工程建设项目资助
本书受北京市属高等学校人才强教深化项目高层次人才资助

总　序

　　基于 2003 年北京机械工业学院管理科学与工程硕士授权学科被批准为北京市重点建设学科，我们策划出版了这套丛书。

　　2004 年 8 月，北京机械工业学院与北京信息工程学院合并筹建北京信息科技大学。

　　北京机械工业学院工商管理分院于 2004 年建立了知识管理实验室，2005 年建立了北京地区第一个实验经济学实验室，2005 年 8 月召开了我国第一次实验经济学学术会议，2005 年 12 月获得 2005 年度北京市科学技术奖二等奖一项，2006 年 4 月获得北京市第九届人文社科优秀成果二等奖两项。2006 年 5 月，知识管理实验室被批准为北京市教委人才强校计划学术创新团队；2006 年 10 月，被批准为北京市哲学社会科学研究基地——北京知识管理研究基地。

　　2006 年 12 月，北京机械工业学院工商管理分院与北京信息工程学院工商管理系、经济贸易系经贸教研室合并成立北京信息科技大学经济管理学院。2008 年 3 月，企业管理硕士授权学科被批准为北京市重点建设学科。

　　2008 年 4 月，教育部正式批准成立北京信息科技大学。

　　经济管理学院是北京信息科技大学最大的学院。2007 年

10 月经过学科专业调整（信息系统与信息管理学士授权专业调出）后，经济管理学院拥有管理科学与工程、企业管理、技术经济及管理、国民经济学、数量经济学 5 个硕士授权学科，拥有工业工程专业硕士授予权，拥有会计学、财务管理、市场营销、工商管理、人力资源管理、经济学 6 个学士授权专业，设有注册会计师、证券与投资、商务管理、国际贸易 4 个专门化方向。

经济管理学院下设会计系、财务与投资系、企业管理系、营销管理系、经济与贸易系 5 个系，拥有实验实习中心，包括会计、财务与投资、企业管理、营销管理、经济与贸易、知识管理、实验经济学 7 个实验室。现有教授 12 人、副教授 37 人，具有博士学位的教师占 23%，具有硕士学位的教师占 70%。在教师中，有博士生导师、跨世纪学科带头人、政府津贴获得者，有北京市教委人才强校计划学术创新拔尖人才、北京市教委人才强校计划学术创新团队带头人、北京市哲学社会科学研究基地首席专家、北京市重点学科带头人、北京市科技创新标兵、北京市青年科技新星、证券投资专家，有北京市政府顾问、国家注册审核员、国家注册会计师、大型企业独立董事，还有一级学术组织常务理事，他们分别在计量经济、实验经济学、知识管理、科技管理、证券投资、项目管理、质量管理和财务会计教学与研究领域颇有建树，享有较高的知名度。

经济管理学院成立了知识管理研究所、实验经济学研究中心、顾客满意度测评研究中心、科技政策与管理研究中心、食品工程项目管理研究中心、经济发展研究中心、国际贸易研究中心、信息与职业工程研究所、金融研究所、知识工程研究所、企业战略管理研究所。

　　近三年来，在提高教学质量的同时，在科学研究方面也取得了丰硕的成果。完成了国家"十五"科技攻关项目、国家科技支撑计划项目、国家软科学项目等 8 项国家级项目和 12 项省部级项目，荣获 5 项省部级奖，获得软件著作权 24 项，出版专著 16 部，出版译著 2 本，出版教材 10 本，发表论文 160 余篇。这些成果直接或间接地为政府部门以及企业服务，特别地服务于北京社会发展与经济建设，为管理科学与工程学科的建设与发展打下了坚实的基础，促进了企业管理学科建设，形成了基于知识管理平台的科技管理特色，也形成了稳定的研究团队和知识管理、科技管理、知识工程与项目管理 3 个学术研究方向。

　　在北京市教育委员会科学技术与研究生建设项目、北京市重点建设学科管理科学与工程建设项目资助下，把我们的建设成果结集出版，形成了这套"管理科学与工程"丛书。

　　管理科学与工程学科发展日新月异，我们取得的成果不过是冰山一角，也不过是一家之言，难免有不当甚至错误之处，敬请批评指正。这也是我们出版本丛书的一个初衷，抛砖引玉，让我们共同努力，提高我国管理科学与工程学科研究的学术水平。

　　在北京市教育委员会与北京信息科技大学的大力支持与领导下，依靠学术团队，我们有信心为管理科学与工程学科建设、科学研究、人才培养与队伍建设、学术交流、平台建设与社会服务做出更大的贡献。

主编　葛新权
2008 年 4 月于北京育新花园

摘　　要

　　本书通过研究国内外供应链结构、供应链风险和供应链契约的相关理论与方法，以及我国农产品供应链及其风险的现状，基于供应链风险框架，分析了供应链风险与供应链契约的强相关性，以供应链风险为目标，以契约优化为手段，对我国农产品供应链进行研究。在契约优化中，采用博弈论中的 Stackelberg 博弈和 Newsvendor 模型，以确定性需求的供应链契约原型为基础，充分考虑了契约双方的信息对称因素和风险偏好因素，分别针对需求不确定的利益共享契约和回购契约进行优化设计。最后根据调研，运用双因素分析法，对契约优化后对我国农产品供应链风险的影响进行了实证研究。

Abstract

By studying the structure of supply chains, supply chain risks, related theories and methods of supply chain contract at home and abroad, and the current state of agricultural product supply chain and its risk in our country, and based on the supply chain risk framework, this book analyzes the strong correlation between supply chain risk and supply chain contract. In order to reduce supply chain risk, China's agricultural products supply chain is studied through contract optimization. Based on the deterministic demand supply chain contract prototypes, by giving full consideration to both sides of the contract information symmetry and appetite for risk factors, and by using the Stackelberg game theory and Newsvendor model, this book designs respectively the benefit sharing contract and buy-back contract of the uncertainty demand. Finally, using the two-factor method, an empirical research is given to estimate the impact of optimized contract on agricultural product supply chain risk.

目 录

Contents

前　　言

随着我国农业产业化的发展，一个由众多农业节点构成的农产品供应链已经成型。该链条不仅包括龙头企业的生产经营活动，而且将农户、基地、专业市场、加工配送中心、超级市场以及最终用户都集成起来，纳入其管理范围。在过去的 15～20 年中，通过一系列程序及机制，已使这种链条能够在正确的时间、正确的地点以正确的方式输出正确的商品，从而创造了极大的经济价值。

农产品供应链作为一种不同于科层与市场的中间型组织模式，其成员之间的关系主要依靠供应链契约来维系。可以说，农产品供应链就是一条契约链，涉及多种组织、多个环节，在供应链的最上游和最下游都面临着无数的有差异的个体农民或消费者，任何一个组织或个体若得不到满足都会造成整个供应链的波动。因此，农产品供应链风险的表现形式也与其他组织模式不同，所面临的诸多风险中不但有自然风险、市场风险、技术风险等，而且更主要的则是违约风险。资料显示，在农产品供应链领域，违约或者不完全履约行为时有发生。在农业订单方面，其契约兑现率只有 30% 左右（http://www.nanfangdaily.com.cn）；而在销售订单方面，销售订单履约率（加权平均统计算法）的平均水平也不到80%（http：//finance. qq. com）。这种违约或者不完全履约的情况已经对我国农业产业化的发展产生了不利影响，究其原因，这种情况的出现与供应链契约的特点有很大关系。

（1）契约本身的不完全性。供应链成员之间的合作涉及多方面因素和问题，显性供应链契约不可能把所有涉及合作的内容和因素一一列出，加之隐性努力由于其考察成本太高，因此契约是不可能完全的。这种不完全性一方面使供应链成员的行为空间更加广阔，这对于创新无疑是有好处的；但另一方面，行为空间的扩展，也为供应链成员的机会主义行为留有了余地。

（2）契约环境的动态性。在长期合作的条件下，契约还具有动态的特点。随着合作过程中信息的交流与合作不断深入，显性契约和隐性契约在一定的条件下会相互转化，但这种转化需要一个过程，其间两者的差异始终存在，这也促进了违约行为的发生。

有鉴于此，本书把这种既不同于市场关系又不同于科层关系的联结方式作为供应链的一个核心特征，把供应商和销售商（或制造商）的特殊关系以商品契约的形式独立出来，在总结现有供应链契约模型的前提下，充分考虑隐藏在成文契约后面的隐性契约的影响，从契约设计的角度研究商品契约的稳定性，这也是本书选择从契约角度研究供应链风险的原因。

由于能力和条件有限，定有许多不当和错误之处，敬请批评指正。希望我们的点滴工作，能够抛砖引玉，推动我国农业产业化健康稳定发展。

徐　峰

2013 年 2 月 16 日

第一章
绪　　论

在农村推行家庭联产承包责任制以前，粮食生产能力的相对不足，造成了对粮食生产的过度依赖。关于农业问题的研究主要集中在如何利用先进的农业生产技术和生产管理技术，提高粮食生产总量和单产水平，尽量满足社会其他产业的生产和人民生活的需要。而蔬菜产业普遍存在着生产规模小且分散，以庭院经济为主、商品经营为辅的特征，相比之下，蔬菜的生产和营销问题也只是在最近十几年中才凸显出来。引入供应链管理技术，进而提升蔬菜产业整体经营水平问题逐渐引起学者们的关注。

第一节　供应链风险

一　供应链风险界定

目前对风险的定义还没有统一的看法。例如，有人认为风险是事物可能结果的不确定性，可由收益分布的方差测度。有人将证券投资的风险定义为该证券资产的各种可能收益率的变动程度，并用收益率的方差来度量证券投资的风险，通过量化风险的概念改变了投资大众对风险的认识。由于方差计算的方便性，风险的这种定义在实际中得到了广泛的应用。还有人认为风险是指损失的大小和发生的可能性，认为风险是指在一定条件下和一定时期内，由于各种结果发生的不确定性而导致行为主体遭受损失的大小以及这种损失发生可能性的大小。风险是一个二位概念，风险以损失发生的大小与损失发生的概率两个指标进行衡量。

借鉴以上定义，我们对供应链风险的定义为：供应链风险是指在特定的客观条件下，在特定的时期内，由风险因素引起的风险事件的发生，影响了供应链预期的正常运行，使供应链面临损失的可能及大小。其中，风险因素是指风险形成的必要条件，是供应链风险产生和存在的前提；风险事件是指供应链内外变量发生变化导致供应链损失的事件，它是供应链风险存在的充分条件，也是连接风险因素与损失的桥梁。

二　供应链风险研究现状

目前国内外关于供应链风险研究的文献主要包括两个方面：定性研究和定量研究。定性方面的研究主要包括以下四个部分：供应链风险的现状、供应链风险的分类、减小和预防供应链风险的对策、供应链风险产生的原理。国外很多文献通过分析实际发生的意外事件带给供应链的影响，对供应链风险的现状进行了描述，并指出人们应当重视对供应链上的风险管理。例如，Mark David（2003）[1]和 Jayashankar M. Swaminathan（2003）[2]就对 2002 年在中国暴发的

"非典"事件进行了讨论，EBN Staff（1999）[3]对台湾地震带给供应链的影响做了详细描述，Michael Bradford 对 2002 年的西海岸码头工人罢工事件对美国企业的影响做了描述。这些文献都通过对现实中供应链风险的反映，呼吁人们要加强对供应链风险的重视。虽然供应链风险引起了人们的重视，但是许多风险管理者还没有为中断风险做好准备。Michael Bradford（2003）[4]指出，一项研究暗示多于 1/3 的财务经理和风险经理还没有为商务中断做好准备，2003 年价值保护研究显示，34% 的调查者对主要收入资源中断做准备的程度是不足或贫乏的。

此外，国内外学者从不同的角度对供应链风险进行了分类。马士华（2002）[5]将供应链上的企业面临的风险分为内生风险（Indigenous Risks）和外生风险（Exogenous Risk）两大类。丁伟东等（2003）[6]将供应链风险分为自然环境风险和社会环境风险两个方面。姚军（2003）[7]将供应链风险分为不可抗力因素的风险和人为因素的风险。李晓英等（2003）[8]将供应链风险分为系统风险、管理风险、信息风险和市场风险。和国内文献不同，国外文献着重讨论的是供应链上的由于网络不安全而产生的风险、恐怖主义带来的风险（Gavin Souter，2000）[9]、知识产权风险以及技术风险（Red Lodge，Mont，2003）[10]。

进一步的研究则是在供应链风险分类的基础上，针对不同类型的风险提出相应的对策措施。党夏宁（2003）[11]特别针对资金风险提出，首先需要依靠契约做保障，设定补救机制。同时，针对一些企业可能遇到的不可预测的资金风险，设立供应链风险基金，实现供应链上企业共同防御资金风险。赵晶等（2013）[12]提出由第三方管理机构建立供应链风险管理机制，通过风险评估、信息传递和采取各种风险防范与应急措施，构建具有柔性和稳健性的"准事制"（Just-In-Case）供应链，以抵御供应链中断风险。王勇等（2004）[13]针对供应链上的例外事件，研究了 SCME技术产生、发展及向过程改进方法转变的过程，并通过理论和实例，分析了如何以 SCME 技术为基础，在供应链管理中应用和实施 SCME 方法，以提高供应链运作绩效。杜鹏（2002）[14]在分析了供应链风险的基础上，对降低供应链风险的方法进行了初步的探讨，并根据团队理论提出了供应链产出分配模型。通过分析说明，团体惩罚机制对于产出分配契约是一个有益的补充，可以克服企业行为的可观测性较差时的"搭便车"问题，使各企业选择其行为，能够达到帕累托最优，降低供应链风险。在国外文献中谈到更多的是通过商业保险来规避风险，而且国外学者都很赞成通过与供应商合作来降低供应商以及整个供应链的风险（Michael Bradford，2003；Rodd Zolkos，2002）[4][15]。Gavin Souter（2000）[9]提出利用风险图技术来识别风险，并通过以下方法来减少供应链风险：①保证和伙伴的网络链接安全；②所有参与者要签署统一文件保护知识产权；③定期、定量、定性地检查公司暴露面；④和第三方一起解决风险。Red Lodge 和 Mont（2003）[10]认为应该很好地处理成本和风险之间的关系，成本和风险有时是可以协调的，只要在制订计划前充分考虑了风险因素，就可以在降低成本的同时又不增加风险，而且他强调也不能忽视不可量化的风险。Rodd Zolkos（2003）[16]认为，为了处理供应链中断风险，需要在对中断风险进行识别的基础上用不同的技术去模型化过程和估计暴露度，他强调统计概率模型以及供应链模型的应用。Institute of Management and Administration（2002）[17]指出了目前在供应链管理上的三个改变，并对和供应商进行电子商务活动时可能遇到的风险提出了简单的建议。何宾等（2004）[18]认为长期有效的市场竞争可以有效地遏制供应链成员企业的侵占行为，因此应该大力完善市场竞争机制，让市场作为约束企业侵占行为的"看不见的手"，使供应链中的企业在长期有效的市场竞争机制下，均追求联盟的收益最优化，这样就可有效地解决供应链中存在的道德风险问题。

学者们还对供应链风险产生的来源进行了研究。韩东东等（2002）[19]认为供应链的风险来源于三个方面：①来自供应环节的不确定性；②来自生产过程的不确定性；③来自客户需求的不确定性。江林等（2003）[20]认为供应链管理的风险主要来源于两个方面：一是供应链的不确定性；二是供应链体系中企业之间的矛盾。供应链的不确定性包括节点企业之间的不确定性、节点企业内部的不确定性、市场需求的不确定性、外界环境的不确定性；供应链体系中企业之间的矛盾包括追求供应链整体效益最优和单个企业追求自身利益的矛盾、权力控制造成的矛盾、来自信任和信用的风险。常广庶（2003）[21]认为供应链中信心的无形缺乏会使供应链成员的无效行为和干预积累起来从而增大风险。赵晶等（2003）[12]从内因和外因两个方面对供应链中断风险的成因做了解释。其中，外因包括自然灾害，战争、恐怖主义和疾病等的人为因素，政治、经济的波动；内因包括供应链结构问题、技术问题。李晓英等（2003）[8]对供应链风险的成因做了较为详细的分析，认为：①系统内耗和系统约束产生了系统风险；②成员企业的有限理性和机会主义行为产生了管理风险；③供应链中的逆向选择和败德行为导致了信息风险的产生；④顾客核心需求识别不足产生了市场风险。董秋云（2004）[22]认为供应链管理实施中存在的风险是由商业信息泄漏问题、供应链中成员目标冲突问题、企业的经营理念与企业文化差异问题、供应链的动态变化问题、信息共享的问题、全球战略管理的协调问题等引发的。另外，倪燕翎等（2004）[23]对供应链风险管理和企业风险管理进行了比较。一些文献则针对专门的某些风险进行了探讨。贾燕等（2001）[24]在分析供应链中订单处理流程及其风险生成机理的基础上，提出不同的成员企业之间通过自动协商寻找最优方案的方式来处理订单的思路，并运用遗传算法优化技术实现自动协商的收敛，以期减少订单处理流程中的风险。解琨等（2003）[25]通过对供应链的不确定性及其对库存风险影响的分析与探讨，提出了实施库存集中控制能够汇集需求，提高需求预测的准确度，降低需求的变动性，从而在不影响管理服务水平的情况下，降低安全库存，以实现风险分担。马新安等（2000）[26]首先讨论建立供应链合作伙伴关系的意义，接着深入分析合作伙伴关系对整个供应链的有利之处及潜在的风险，以及建立合作伙伴关系的实施步骤与关键的成功因素，然后讨论了合作伙伴选择的准则和方法，最后给出了对构造供应链合作伙伴选择的理论框架的初步探讨与思考。杨红芬等（2002）[27]从"委托－代理机制"和"牛鞭效应"两个角度出发分析了供应链管理中存在的信息风险，并进一步在理论分析的基础上，试图通过利益分成及风险分担机制的建立来有效地激励和约束企业行为，利用信息技术促进企业间信息共享。一些文献还将供应链风险知识应用到现实生活中。肖智慧等（2002）[28]就根据一般风险管理的评估步骤，对家电企业供应链管理过程中的风险进行了分析、评估，并提出了防范措施。马林等（2004）[29]将汇率风险纳入中小企业供应链的决策模型中加以考虑，在文中建立了基于汇率风险的中小企业供应链决策模型，并进行实证，为中小企业的供应链管理决策提供了参考。

供应链风险在定量方面的文章较之定性方面的文章更少。丁伟东等（2003）[6]采用模糊分析法给出了供应链风险的评估方法，并进行了应用分析。他们结合了模糊评价方法和风险因素分析方法，通过对供应链各个环节可能导致风险发生的因素进行模糊评价分析，以确定供应链各个环节风险发生的概率。Ferguson 和 Renee Boucher（2004）[30]介绍了 Freemarket INC 公司新增加的用来减少供应链风险的两个计算机程序模块。其中，Decision Management 模块可以帮助公司最大化资源活动，它以供应商的不完全数据的自动通知和基于不断变动基础上的最优化工具为特色。当情况为最优时，它可以将这些情况创建保存，在其他领域加以利用。而 ES Supplier Relationship Management 模块以可以存储供应商资料、供应商入口、供应商自我登记、评分卡、分析和供应商行动追踪为特色。Roshan Gaonkar 和 Viswanadham（2004）[31]提出了两个模型来衡量供应商选择风险：一个是战略水平上的偏离管理模型，用来管理偏离风险；另一个是战略水平上的中断模型，用来管理中断风险。偏离管理模型在已知所有供应商预期成本和成本的偏离变量的基础上，选择一群最优化供应商以使整个供应链运作成本和供应链成本变动风险最小。中断管理模型在已知不同情况下供应商中断概率和供应量的基础上，选择一组供应商，以使供应链运作时的供应不足最小。张存禄等（2004）[32]把基于描述式数据挖掘方法用于违约供应商的特征识别，将这些特征作为供应商选择和风险预控的参考依据，以控制由供应商原因造成的风险。

第二节　供应链契约

一　供应链契约界定

契约主要用于经济领域和法律领域，供应链契约是经济学契约理论在供应链中的一种表现形式，其研究主要源于多阶段库存理论（杨德礼等，2006）[33]。当时，学者们希望通过对库存时间和库存数量的优化来使上下游商的利益同时最大，但是上下游商往往以各自利益最大为目标，从而无法实现整体的最优（Whang，1995）[34]。于是学者们开始把研究的目光转向了整个供应和销售系统的协调，希望通过对供应商和零售商之间的交易进行安排和约定，使个体及整体同时达到最优，以实现协调。这些安排和约定主要包括决策权力的分配、库存数量和成本的优化、定价策略、信息共享以及供应商和零售商之间的协调等问题。由于供应商和零售商之间的合作一般是通过契约安排来实现的，因此学者们开始将法律和经济学中的契约理论运用到供应链中，以期通过相应的契约条款来实现上述的安排和约定。

所谓供应链契约（Supply Chain Contract），是指通过提供合适的信息和激励措施，保证买卖双方协调，优化销售渠道绩效的有关条款（王迎军，2001）[35]。Pasternack（1985）[36] 1985 年最早提出了供应链契约的概念。此后，学者们针对供应链契约开展了大量的研究，供应链契约研究也在很多方向上取得了长足的发展。根据供应链契约的研究现状，可以将供应链契约分成以下 4 种主要类型：批发价格契约（Wholesale Price Contract）、回购契约（Buy Back Contract）、收益共享契约（Revenue Sharing Contract）、数量弹性契约（Quantity Flexibility Contract），其中批发价格契约与回购契约是最早研究的也是最为常见的契约类型，而收益共享契约与数量弹性契约则分别研究了供应链中的核心内容——成员收益和产品数量。当然，除了上述 4 种契约模型以外，还有数量折扣契约（Quantity Discount Contract）、数量承诺契约（Quantity Commitment Contract）、期权契约（Option Contract）、延迟补偿契约（Pay to Delay Contract）、预购契约（Advance Purchase Contract）和回馈与惩罚契约（Rebate and Penalty Contract）等契约模型。但是，这些契约模型都可以由上述 4 种契约演变而成，或者是由其中的两种或者是几种契约组合而得到。例如，数量承诺契约可以由数量弹性契约衍生而来；期权契约和预购契约则可以由回购契约演变而成，或者由批发价格契约与数量弹性契约组合得到；在批发价格契约中增加激励和惩罚机制则可以演变为数量折扣契约和回馈与惩罚契约（Cachon et al.，2001；Dawn Barnes-Schuster et al.，2002）[37,38]。显然，从研究的内容和模型通用性来说，上述 4 种契约模型更具有广泛的代表性。

当然，除了该分类方式以外，还可以按照契约协调参数的不同对供应链契约进行分类（李应等，2007）[39]，然而契约参数的协调机理和不同参数之间的相互作用往往能够通过契约模型得到更为具体的体现。所以，从研究方式上来看，按照契约模型的不同对其进行阐述显得更为细致和深入。

二　供应链契约研究现状

近几年来，对于供应链契约的研究呈日渐升温的趋势。Tsay 等（1999）[40]和 Cachon（2003）[41]分析了供应链契约的研究背景，对常见的供应链契约进行了分类，并介绍了各类契约的研究进展及现状。本书在二者的基础上，结合近几年最新的研究进展，着重回顾了其中几种最为重要的契约形式：批发价格契约、数量折扣契约、回购契约、数量柔性契约、收入分享契约、回馈与惩罚契约、决策权转移契约及最低订购量契约的机制设计思想及其研究现状。

1. 批发价格契约（Wholesale Price Contract）

批发价格契约也称价格契约（Price-only Contract），是研究最早和应用最广泛的一种契约形式，是指供应商和销售商相互签订批发价格契约，销售商根据市场需求和批发价格决定订购量，供应商根据销售商的订购量组织生产，销售商承担产品未卖出去的一切损失。可见，批发价格契约中，供应商的利润是确定的，不用承担市场风险，而销售商则承担全部市场需求风险。批发价格契约可以说是最为常用的一种契约模式，也是最为简单的一种契约模式，其签约成本也相对较低。在大多数供应链管理模型中，批发价格都被认为是固定的，并且是不可协商的。在此契约形式下，零售商支付给供应商的转移支付为：

$$T(q) = w \times q$$

其中，w 表示供应商的批发价格，q 表示零售商的库存补充数量。应该注意的是，此处批发价格契约中的批发价格 w 事先决定后，不再随零售商的库存补充数量 q 的变化而改变。

Bresnaha 和 Reiss（1985）[42]研究了需求确定情况下的批发价格契约设计。Lariviere（1999）[43]以及 Lariviere 和 Porteus（2001）[44]详细分析了报童模型情况下的批发价格契约的供应链协调问题，认为在批发价格契约模式下，只有在供应商制订的批发价格 w 不高于其制造成本的前提下，供应链系统才能够达到最优。此时供应商的收益水平却为 0 或负数，使得批发价格契约不能实现供应链帕累托最优。由于其简单且易于操作，使其在实际中获得了非常广泛的应用，但是由于他们假设供应商的批发价格是固定的，因此属于"推动"效应的契约模式，无法真正"拉动"(Pull) 销售商的订购热情。Cho 等（2001）[45]及 Bernstein 等（2002）[46]则在文献中分析了当供应商的边际成本不是常数（为一变量）时，供应链协调状态下的批发价格无须等于或小于供应商的边际成本，或者说供应商的收益可以不为零，而为正值。

2. 数量折扣契约（Quantity Discounts Contract）

为了拉动销售商的订购量，数量折扣契约正日益受到人们的重视（Monahan，1984；Rosenblatt and Lee，1985；Lee and Rosenblatt，1986）[47,48,49]。数量折扣契约也是批发价格契约的一种，是指供应商可根据销售商订购量的大小对批发价格进行打折，从而刺激销售商增加订购量。数量折扣契约中供应商的批发价格 w_i 是订货批量 q_i 的分段函数 $w_i(q_i)$，此时批发价格不再是一个确定的常数，而是零售商的订货批量的一个减函数。数量折扣契约又分为全局数量折扣契约和边际数量折扣契约两种。全局数量折扣是指当订购批量达到某个数量折扣点 $w(q)$ 时，零售商对所有订购产品支付的批发价格统一为 $w(q)$，相应的订购成本为 $T(q) = w(q)q$；而边际数量折扣则表示零售商的订购批量按照批发价分段函数的不同区间支付不同的批发价，此时零售商的订购成本为：

$$T(q) = \sum_{i=1}^{n} w_i(q_i) \times (q_i - q_{i-1}), q_0 = 0$$

Banerjee（1986）[50] 阐述了零售商和供应商可以通过数量折扣机制实现双方库存成本的下降。Monahan（1984）[47] 从供应商的角度来考虑对销售商提供数量折扣的经济内涵，文章假设供应商选择批量对批量（Lot for Lot）策略，证明一个合理的打折方案能促进销售商的订购量并能增加供应商的利润。Rosenblatt 和 Lee（1985）[48] 研究了全部产品的折扣问题，他们和 Monahan（1984）[47] 在相同假设条件下还讨论线性折扣问题，他们认为新增利润并非只给供应商，买卖双方都能受益。Lee 和 Rosenblatt（1986）[49] 扩展了 Monahan（1984）[47] 的模型，包括供应商的批量决策，以及库存占用成本和固定成本由供应商承担。Banerjee（1986）[50] 用"中心决策者"的观点，联合优化双方成本，计算联合的经济批量，并对买卖双方最终利益进行定量描述，以确定最优的折扣策略。Jeuland 和 Shugan（1983）[51] 则讨论了渠道协调中的定价策略，他们认为数量折扣可以协调渠道成员的运作绩效，也可以分享新增利益，然而他们也认识到，在实现协调时存在法律上的障碍，特别是折扣中有关参数的确定，需要双方了解全部的成本信息。Weng（1995）[52] 则扩展了 Jeuland 和 Shugan（1983）[51] 的结论，从供应商的角度扩大到整个供应链来考察数量折扣策略，通过分析供应商和销售商的关系，他认为通过提供数量折扣可以协调供应链中供应商和销售商的关系，并能实现供应链总体利润最大化。Weng（1997）[53] 也分析了定价策略，其目的是通过价格协调制造商与分销商之间的关系。他比较了制造商与分销商独立定价和联合确定生产与订单情况下的系统运作绩效，说明如何通过协作增加系统利润，以及增加的数量如何依赖系统参数的变化。Weng（1997）[54] 还讨论了一个类似的问题，只是假设的成本和目标发生了变化，他假定二次的生产成本函数，分销商的服务水平受约束，而未考虑缺货成本，得到了系统的最优策略及形成最优策略的买卖双方的交易价格。Weng 和 Wong（1993）[55] 分析了影响数量折扣设计的几个因素：多个零售商、需求为常数或价格弹性、生产数量和订购批量之间的关系。

3. 回购契约（Buyback Contract，Return Contract）

回购契约是目前用得最为普遍的一种协作机制，指供应商用一个合理的价格从销售商那里买回产品销售期结束时没有卖出的产品，从而刺激销售商增加订购量，扩大产品的销售量。退货政策大量地用于对时间性要求较严的时尚产品，如书籍、杂志、报纸、音像制品、计算机软件和硬件、贺卡、医药产品等（Pasternack，1985）[56]。其含义是上游企业通过分担下游企业的部分库存成本风险以提高供应链的整体收益，达到风险共担、利润共享的目的。在回购契约的具体操作中，供应商往往通过契约的形式向零售商承诺以退货价格 b 回收销售结束后的部分或全部滞销产品。

在国内，王利等（1999，2002）[57,58]运用管理经济学的基本原理和方法对回馈条件下利润最大化的单品种和多品种组合销售量决策进行了分析，提出了一种确定买卖双方均能接受的回馈条件和回馈度的方法，并用实例进行了验证。张龙等（2004）[59]分析了经典供应链契约模型下，供应链达到协调状态时系统风险的分配状况，证明了退货政策下供需双方的风险始终不变；双边价格策略下，总有一方风险为零，而另一方承担全部风险；目标回馈策略下，销售商风险始终大于供应链系统的风险。为了弥补经典供应链违约风险分配柔性差的不足，他们提出一种新的契约形式——非线性回购契约策略，不但能够协调供应链系统，而且可将利润与风险在供需双方任意分配。

Pasternack（1985）[56]是最早研究市场学中关于退货政策的学者，他主要研究一个供应商、单一产品、一个销售商组成的销售渠道，重点讨论了共同销售渠道下的退货政策，分析了边际效益的影响而导致的潜在运作的无效性，在退货价格小于批发价格的假设条件下证明了销售渠道的总利润相似于纵向整合供应链的情况。他认为完全退货（Full Returns）政策和不允许退货（No Returns）政策都不是有效方案，一个折中的退货政策可以促使供应链协作，并可以通过帕累托优化提高协作效率。

Kandel（1996）[60]在 Pasternack（1985）[56]的基础上建立了具有价格敏感性的随机需求模型，并在退货价格与成本相关的假设条件下推导出与 Pasternack（1985）[56]相同的结论。Emmons 和 Gilbert（1998）[61]则在需求与价格相关且为正态分布的情况下，对退货价格和批发价格对销售商的订购量产生的混合影响进行了研究。他们从定量角度调查了供应商和销售商的期望利润，并且发现对于任何给定的批发价格，退货政策都有增加双方总的混合利润的趋势。同时，他们也证明了需求不确定往往会导致零售价格增加。

Padmanabhan 和 Png（1995）[62] 以及 Kandel（1996）[60] 等人则从市场风险角度认为退货政策常用于需求不确定和市场风险较大的情况。Webster 和 Weng（2000）[63] 研究了当供应商具有风险敏感性时的退货政策模型，他们也证明了提供退货政策可以增加销售商的利润，并且供应商的利润也不会因为提供退货政策而下降。Tsay（2002）[64] 则在供应商和销售商都具有风险敏感性的前提下，讨论了风险敏感性对退货政策的影响。其研究发现，忽视供应商和销售商对风险的敏感性可能导致严重的损失。

Mantrala 和 Raman（1999）[65] 假定供应链的销售商具有两个不同销售区域，利用传统的"Newsvendor Problem"（报童问题）理论框架，研究了需求不确定下的供应商退货政策。Lau 等（1999）[66] 则建立了垄断供应商的定价策略和退货政策理论模型。由于实施退货政策可能导致消费者恶意利用这一规则来无端退货，因此，Davis 等（1998）[67] 建立了一套分析模型用来确定销售商如何选择最佳退货价格来实施退货政策。

Donohue（2000）[68] 分析了需求预测更新情形下单周期退货政策模型，她假设销售商有两次订货机会：第一次是销售期前订货，第二次是销售期内根据所了解的需求信息再次订货，并假设第二次订货的价格要高于第一次订货的价格。在这样的假设前提下，她证明了通过选择合适的契约参数，退货政策可以实现供应链协作。Emmons 和 Gilbert（1995）[69]研究了价格弹性需求下回购契约虽然可以改善双方的收益水平，却无法达到供应链最优状态。

4. 数量柔性契约（Quantity Flexibility Contract）

数量柔性契约是指零售商在销售季节前预订部分产品，供应商据此组织生产，零售商获得确定的市场需求之后，可以在供应商所能提供的产品数量范围内确定其最终购买量。相对于回购契约集中回购价格的调整，数量柔性契约则关注产品订购数量的调整（Wang，2002）[70]。由于供应链中存在大量的不确定性，数量柔性契约可以减轻这些不确定性对供应双方绩效的影响。该契约规定了零售商的实际订购数量可以在其提前提交的订单数量基础上进行一定范围的上下浮动，契约中的决策变量就是上下浮动的比值和产品的批发价格。

数量柔性契约在电子和计算机产业中得到广泛运用，如Sun Microsystems、Nippon Otis、Solectron、IBM、HP、Compaq等大公司（Tsay，1999）[71]。Chopra 和 Meindl（2001）[72]认为如果退货成本较高，则数量柔性契约可能比退货政策更为有效。Signorelli 和 Heskett（1984）[73]在哈佛商学院案例中用Benetto 公司作为典型案例，来说明对销售商实施数量柔性契约不但可以增加销售商的利润，而且也可以增加生产商的利润。

1999 年，Lariviere（1999）[74]建立了单周期数量柔性契约模型，Tsay（1999）[71]则把单周期模型扩展到多周期销售情况中，建立了多周期数量柔性契约模型。他们的基本思想是当销售商最初提供一个订购量 q，供应商将同意生产 $(1+u)q$ 个产品，同时，销售商最少要购买 $(1-d)q$ 个产品。经过一段时间的观察之后，销售商可以在$(1-d)q$和$(1+u)q$之间订购任意数量的产品。他们一致认为通过提供数量柔性契约，可以有效地提高供应链的利润。随后，Tsay和Lovejoy（1999）[75]提出了更为复杂的数量柔性契约模型。在这个模型中，他们分析了多级、多周期供应链模式，并结合需求预测更新，探讨了数量柔性契约对供应链绩效的影响。Bassok和Anupindi（1997）[76]在进一步放宽Tsay假设的基础上研究了多期滚动数量柔性契约问题。

    Anupindi和Bassok（1995）[77]假定在有限时间内销售商向供应商累计购买至少一定数量的产品，购买另外的一定数量该产品时价格相同，再购买该产品时价格会更高。该文的研究目的是使销售商总成本最小，需求分为静态需求和随机需求，这里的最优策略应该是修改的后期数量柔性策略。Li和Kouvelis（1997）[78]为了描述买方所需要的灵活性，研究买方价格的不确定性，用带有漂移的几何布朗运动模型描述价格。他们旨在评价在数量和时间方面的灵活性的价值，决定契约中关于成本的参数结构，设计风险共享的价格，回答价格波动的动态特性在什么情况下更合适。Das和Abdel-Malek（2003）[79]也考虑了订购量和提前订货时间的变化对供应链灵活性的影响，并且他们认为订购量和订货提前期是导致供应链冲突的主要原因。

    Bassok和Anupindi（1995）[80]的研究假设前提为销售商初始做预测并在T个阶段逐期修改市场需求的预测值，文章分析了预测和购买行为。该文献解决以下情况下的建模问题：①在第一阶段前估计购买量；②每个阶段取实际购买量。作者发现这一问题极为复杂，最终提出了启发式策略，该策略用数值方法确定。Cachon 和 Lariviere（2001）[81]以及 Lariviere（2002）[82]研究了数量柔性和预测共享之间的相互作用，他们认为供应链中的销售商比供应商能更好地预测需求，并且供应商有意去鼓励销售商努力提高他们的需求预测水平。

Plambeck 和 Taylor（2002）[83]则研究了多个销售商的数量柔性契约，他认为在多个销售商的情况下，某些销售商的实际需求很有可能大于他们最初的订购量，而其他销售商的实际需求可能小于他们最初确定的必须购买的数量。这就给供应商和销售商之间提供了一种相互协调的可能性，从而影响他们最初签订的契约和需采取的行动。

5. 收入分享契约（Revenue Sharing Contract）

在收入分享契约形式下，供应商制定的批发价格 w 可以低于其成本 c。此时零售商为了弥补供应商的损失，将自己的销售收入按照一定比例（销售前由双方共同商定，比例大小与批发价格 w 成反比关系）返还给供应商，最终确保双方的利益水平高于不合作状态，直至达到供应链最优。

收入分享契约也称利益共享契约，最初在录像带出租行业得到了成功的运用。Mortimer（2000）[84]提供了一个详尽的经济学解释关于利益共享契约对录像带出租行业的影响，他发现采用利益共享契约可以提高供应链利润7%。然而，Cachon 和 Lariviere（2002）[85]则认为有两个可能的因素会导致利益共享契约失效：一个是实施利益共享契约的管理成本过高，另一个是实施利益共享契约可能降低销售商的营销积极性。同时，他们也证实了在需求为随机且与价格具有相关性的前提下，利益共享契约依然可以实现供应链协作。

Dana 和 Spier（2001）[86]研究了利益共享契约在完全竞争

的销售商市场上的运用。Pasternack（1999）[87]则研究了销售商一部分用利益共享契约订购产品，而其余部分产品采用批发价格契约来订购的策略。但在他的模型中没有考虑供应链协作的问题。James、Dana 和 Spier（1999）[88]则分析了利益共享契约在两种情况下的运用：①需求是随机的，下游企业在知道实际需求之前确定价格和库存；②需求可预知且随时间的推移而下降，价格是可变的。他们还用录像带行业作为例子进行了分析。Gerchak 和 Wang（2000）[89]则讨论了两个较为对立的契约模型：利益共享契约和批发价格契约。同时，他们提出了"利益共享加多余补助"（Revenue-plus-surplus-subsidy Contract）的新型契约模型，通过实施这一契约，可以很容易实现供应链协作，并增加供应链中各成员的利益。Gerchak、Chao 和 Ray（2001）[90]分析了一个录像带零售商如何决定购买多少录像带和保管这些录像带的时间。在他们的模型中，利益共享契约仅仅用来分配利润，他们用特许费来重新分配利润。Giannoccaro 和 Pontrandolfo（2004）[91]分析了三级供应链（生产商 - 分销商 - 零售商）中采用利益共享契约的供应链协作策略，他们认为通过调整供应链契约参数，可以提高供应链效率，增加供应链各个成员的利益。

Li（2002）[92]在他的博士论文中，提出了利润共享契约（Profit-sharing Contract）概念。他对利润共享契约进行了如下规定。

（1）批发价格 w 为：$w = k(p - cs - cr) + cs$，这里 $0 < w < 1$。其中，p 为市场价格，cs 为生产成本，cr 为零售成本。

（2）对于没有销售出去的产品，供应商同意付给销售商的退货价格为：$b = kp$。

根据以上两个假设，Li（2002）[92]证明销售商的利润 $\prod_R = (1-k)\prod_{cs}$，供应商的利润 $\prod_s = k\prod_{cs}$，其中 $\prod_{cs}$ 为协作供应链总利润。因此，k 被视作分享供应链利润的分配因子。由此可见，利润共享契约与 Cachon 和 Lariviere 的利益共享契约之间存在以下两个不同点。

（1）契约规定。在利益共享契约中，批发价格是固定的，且总是小于产品生产成本。因此，供应商将通过分享销售商的收入来抵消卖给销售商的损失。而在利润共享契约中，批发价格可变且总是高于生产成本。此时，供应商将从出卖给销售商的产品中获利，但同时，供应商也将承担销售不出去带来的风险。

（2）实施过程。采用利益共享契约时，供应商不但要监控零售价格，而且还要监控销售商的销售量。而在利润共享契约中，供应商只需要监控零售价格，而不需要监控销售量。

在国内，Chang 和 Jiang（2004）[93]则讨论了电子商务市场上供应链的利益共享机制，他们设计了一套利益共享契约来实现电子供应链协作，从而防止电子商务市场上供应链失效情况的发生。柳键和马士华（2004）[94]对供应链协作进行了博弈分析，并得到如下主要结论。

（1）在信息共享的条件下，利益共享契约优于普通契约。

（2）在两种契约下，供应链绩效与企业合作伙伴数量有关。普通契约下，合作伙伴越多，供应链绩效越佳；共享契约下，合作伙伴数量增加，供应链绩效下降。

（3）共享契约分配因子的选择自由度随合作伙伴数量的增加而减小，并且分配因子取值可通过渠道效用最大化来确定。

6. 回馈与惩罚契约（Rebate and Penalty Contract）

所谓回馈与惩罚契约，就是供应商给销售商提供一个销售目标，如果销售商超额完成任务，则超额部分将给予奖励，否则，将对没有完成任务的部分进行惩罚。

惩罚策略在信息经济学中得到了广泛的运用（如 Harris and Raviv，1979；Macho-Stadler and Perez-Castrillo，2001）[95,96]，主要用于对代理人掩藏努力水平的惩罚。在供应链管理中，惩罚契约也得到了一定的应用。如一些学者 Pasternack（1985）[36]、Lariviere（1999）[43]、Li（2002）[92]分析了销售商缺货惩罚契约。相对于退货政策降低销售商积压成本，缺货惩罚契约增加了销售商缺货成本，因此，这两种模式都达到了刺激销售商增加订购量的目的。Frascatore 和 Mahmoodi（2003）[97]讨论了当供应商生产能力不足时将要受到惩罚的惩罚契约，通过实施惩罚策略可以有效地避免供应商生产能力不足的问题，从而确保整个供应链利益最大化。还有一些学者提出对供应商提前/拖期产品交货进行惩罚的惩罚契约，他们认为提前/拖期交货不仅降低了供应链的服务质量，而且提前交货将增加销售商的存储费用，拖期交货又要向其支付违约附加费用，因此通过采用惩罚契约来实现准时供货（王玮等，2000；Schneeweiss and Zimmer，2004）[98,99]。此外，部分学者对产品质量损失惩罚进行了研究，他们分析了购买商的质量评价结果隐匿情况对供应商的质量预防决策和购买商的质量评价决策的影响（Starbird，2001；张翠华等，2003）[100,101]。

然而 Lariviere（1999）[43]认为，在实际操作中，惩罚契约实施起来有一定的难度。他认为由于销售商为了减轻惩罚，会采用各种手段来掩藏信息，从而使供应商很难监控到销售商完备的信息。由于惩罚策略常需要供应商具有一定的强制力来执行，因而如果没有其他优惠措施来吸引销售商参与，可能会导致契约执行的失败。

7. 决策权转移契约（Decision Rights Reassigning Contract）

成员间的利益激励不一致是导致供应链不协调的一个重要原因，因此协调机制设计的途径之一就是通过重新分配供应链中各成员的决策权，以消除激励不一致造成的供应链效率下降的问题，即决策权转移契约。供应商管理库存（Vendor Managed Inventory，VMI）作为一种决策权转移契约的具体表现形式在众多的企业实践中获得了普遍认可和成功应用。

Tyan 等（2003）[102]介绍了 VMI 的发展过程、内涵与意义，并通过对中国台湾地区的 VMI 供应链应用情况的调查，验证了 VMI 是一种十分有效和具有竞争力的新型供应链库存管理模式。Yan Dong 等（2002）[103]研究了在确定性需求下 VMI 给供应商和零售商带来的短期利益和长期利益，指出实施 VMI 会使零售商的短期和长期利益都得到提高，而供应商短期收益会下降，但会给供应商带来长期收益和战略性竞争优势。Lee（1997）[104]和 Chen 等（2000）[105]指出，VMI 能够使得相关企业共享销售信息，进而减少信息扭曲程度。Disney 等（2003）[106]分别建立了传统供应链与 VMI 供应链的仿真模型，并通过仿真实验验证了通过信息共享，VMI 有效改善了供应链中的"牛鞭效应"。Kefeng Xu 等（2001）[107]指出通过信息共享和一致性预测，VMI 能够有效地提高供应链协作水平和减轻供应链 Bullwhip 效应。

8. 最低订购量契约 （Minimum Purchase Commitments）

最低订购量契约是指契约中明确承诺了未来一段时间内的零售商的最低订购数量。Cachon 和 Lariviere （2001）[108]研究了在供应商需要根据零售商的需求预测提前进行生产能力投资，然后再根据零售商的实际订单进行生产的情况下，零售商可以采用最低订购数量契约使供应商相信自己提供的需求预测是真实的，以促使其具备足够的生产能力来满足自己未来的实际需求。Anupindi 和 Akella （1993）[109]对多期报童模型下的最低订购量契约进行了分析。

第三节　供应链违约风险

所谓违约风险，实际上是缔约方违约的风险，涉及履约率的高低问题。而专门从契约设计角度研究供应链契约稳定性的文献不多，相对而言，国外学者的研究则已经比较深入，但是针对农产品供应链违约风险的研究也比较少，且多数文献都集中在生猪供应领域，比如 Paul V. Preckel、Allen Gray、Michael Boehlje 和 Sounghun Kim （2004）[110]认为在一个可持续的猪肉供应链中，利益与风险分担机制起到了重要的作用。他们构造了在合作伙伴之间最优的利益与风险的分担机制，并把这种机制应用于契约设计，进而根据供应商和制造商的不同风险偏好组合，进行了详细分析，确认契约的设计务必要平衡缔约方的风险偏好。

在国内，少数学者也进行了该领域的研究，但是大多集中于定性方面。例如，尹云松、高玉喜、糜仲春 （2003）[111]

以公司与农户间商品契约的类型及其稳定性为考察目标，对5家农业产业化龙头企业进行了个案分析，并得出结论：在公司选择守信的前提下，产品专用性是决定商品契约稳定性的首要因素。在产品专用性强的情况下，商品契约的稳定性不受与公司签约的农户类型的影响，所有商品契约都是非常稳定的。只有在产品专用性弱和中等的情况下，商品契约的稳定性才取决于与公司签约的农户类型。显然，与大农户签订的商品契约稳定性较好，而与小农户签订的商品契约则一般是无效率的和不稳定的。并且，公司与大农户签订的商品契约内容的改进有助于进一步提高商品契约的稳定性。王慧（2005）[112]通过分析认为，"公司＋农户"契约本身所具有的特点是造成履约障碍的重要原因，其在很大程度上影响了契约的运行效率，经归纳，主体的不平等、客体的特殊性、契约内在的风险、契约的不完全、契约强制执行的困难是造成我国履约率偏低的主要原因。而张兵、胡俊伟（2004）[113]则认为"龙头企业＋农户"模式下违约产生的根本原因在于其收益高于成本，加之合约的不完全性、信息的不对称性、资产的专用性以及风险分担机制的缺乏等，因而需要进行一系列制度安排来规避"龙头企业＋农户"模式下违约的出现，其有效的途径是规范和完善合约、成立中介组织、进行专用性投资以及建立风险分担机制等。刘志国（2002）[114]对违约现状和违约类型进行了研究，认为中途退货或供货不能、拖欠货款、以次充好与压质压价、契约欺诈是主要的违约行为，而造成这些违约行为的一个重要原因则是在契约设计中自我履约区间过小。

总之，供应链风险研究无论是国内还是国外都已经比较成熟。一方面，相对而言，国内定性方面的研究偏多，定量方面的研究偏少，理论方面的研究偏多，而实证方面的研究较少；另一方面，供应链风险研究的面已经很广，从自然法制环境到缔约方的伦理道德再到供应链的技术层面，各种风险因素都已涉及，但是，供应链风险的核心——违约风险的研究却不够深入。

第四节　本章小结

上述一般供应链契约的研究结论对农产品供应链契约的研究具有相当的参考价值，并已引起了我国学者的重视。尽管如此，我们应当承认，我国学者无论是在供应链契约理论的研究深度还是在研究广度方面，与国外同行相比都存在较大的差距。主要表现在以下几个方面。

（1）供应链结构的选择。国外学者已经深入多周期、多级、多产品、多供应商、多销售商、可循环的农产品供应链违约风险的研究，而国内大部分还集中于单周期、单级、单产品、不可循环的农产品供应链研究。

（2）契约的类型、内容。国内现有的商品契约基本上以国外已有的价格契约、数量折扣契约、数量柔性契约、利益共享契约、回馈与惩罚契约、退货政策为样板，在内容上也只是依据具体情况做小幅改动，总体上没有大的创新。

（3）风险偏好对契约的影响。目前国内对供应链契约的研究，其前提假设都是假定供应商和销售商为风险中性，即决策者在做决策时以期望利润最大化为基本原则。然而在现实生活中，有许多相反的例子表明销售商在做决策时，并不总是以期望利润最大化为原则来订购产品。造成这一现象的主要原因在于销售商或者农户拥有自己的决策偏好。随着期望效用理论和行为经济学的崛起，如何把这些理论成功地应用于供应链契约之中就成为当前急需解决的问题。

（4）信息对称程度对契约稳定性的影响。如果缔约方的信息不对称，则供应链成员间的利己主义和投机行为就会频繁发生，相应的，违约风险就会大大增加。那么信息对称与否，会怎样对违约风险产生影响呢？国内尚缺少相关领域的深入研究。

（5）缺乏对不同契约关系的效率做比较和检验。目前，众多学者提出了各种各样的供应链契约模式，但他们往往只是对其中一个模式进行单独分析，缺少对各种契约模式之间的比较分析。这使供应链的决策者们在实际工作中很难根据自己的实际情况选择适合自己的供应链契约模式。

因而，在理清农产品供应链风险特征的前提下，以供应链风险的防范为目标，以违约风险为重点，对当前农产品供应链中公司与农户之间商品契约的内容、类型、特征、稳定性及可能的变迁方向进行细致分析，提取违约风险影响因素，并选择若干关键因素进行契约重构，对于我国农业产业平稳有序发展有着深远的意义。从微观层面上，可以从根本上剖析我国农产品供应链低履约率的深层原因，有助于农产品供应网络的健康发展；从宏观层面上，则有利于"三农"问题的解决，进一步完善社会收入的再分配，从而实现社会性帕累托优化。

第二章
供应链风险与契约

　　长期以来，我国的农村经济是以小农经济为特征的。新中国成立后，我国的合作化运动因为没有解决好组织内的激励问题而告失败；1978年后，我国的农村经济改革解散了人民公社，实行了联产承包责任制制度，即"大包干"。这种制度实际上是一种固定契约：农户只要"交够国家的，留足集体的，剩下全是自己的"。农户成了事实上的剩余索取权人，给了农户充分的激励，从而使我国的农业经济迅速恢复并基本解决了人们的"吃饭"问题。20世纪80年代后期，山东诸城率先组织的"农村商品经济大合唱"，以及山东潍坊等地随后提出的"农业产业化"都是为了解决"小农户"与"大市场"的联结问题。近年来，农业产业化的主要组织形式就是各种各样的农产品供应链，其中公司和农户是供应链的主要节点。公司与农户之间是一种契约关系，但现实中这种关系并不是紧密的，甚至不是稳定的。据有关资料，农业契约违约率高达80%。可见，契约已经成了影响供应链风险大小的关键因素。

第一节 供应链风险概述

一 风险界定

在理解供应链风险之前，必须先掌握风险的内涵，但目前国内外学术界对风险并没有确切的定义。一种观点认为风险意味着未来损失的不确定性。这种观点又分为主观学说和客观学说两类。主观学说认为不确定性是主观的、个人的和心理上的一种观念，是个人对客观事物的主观估计，而不能以客观的尺度予以衡量，不确定性的范围包括发生与否的不确定性、发生时间的不确定性、发生状况的不确定性以及发生结果严重程度的不确定性。客观学说则是以风险客观存在为前提，以风险事故观察为基础，以数学和统计学观点加以定义，认为风险可用客观的尺度来度量。还有一种观点认为风险的不确定性分为模糊性与随机性两类。模糊性的不确定性，主要取决于风险本身所固有的模糊属性，要采用模糊数学的方法来刻画与研究；而随机性的不确定性，主要是由于风险外部的多因性（即各种随机因素的影响）造成的必然反映，要采用概率论与数理统计的方法来刻画与研究。近期已有一种关于风险的观点慢慢占据了上风。该观点认为风险是指在一定条件下和一定时期内，由于各种结果发生的不确定性而导致行为主体遭受损失的大小以及这种损失发生可能性的大小。风险是一个二位概念，风险以损失发生的大小与损失发生的概率两个指标进行衡量。概括起来，就是不确定性观、危险损失观和结果差异观，它们的共性就是风险主要来源于损失的不确定性，风险的大小本质上取决于损失发生的可能性和损失的大小。风险通常包含三个层次，即风险因素、风险事故、风险损失，三者密切相关，它们构成了风险存在与否的基本条件。

1. 风险因素（Hazard）

风险因素是促使或引起风险事故发生的条件，以及风险事故发生时，致使损失增加、扩大的条件。风险因素是风险事故发生的潜在原因，是造成损失问题的内在原因。

2. 风险事故（Peril）

风险事故又称风险事件，是指引起损失的直接或外在的原因，是使风险造成损失的可能性转化为现实性的媒介，也就是风险是通过风险事故的发生来导致损失的。

3. 风险损失（Loss）

风险损失是指非故意、非计划、非预期的经济价值减少的事实。风险损失可分为直接损失和间接损失两种。其中直接损失是指风险事故对于标的本身所造成的破坏事实，而间接损失则是由于直接损失所引起的破坏事实。

4. 风险因素、风险事故、风险损失三者关系

风险因素、风险事故、风险损失三者之间的关系是：风险因素引起风险事故，风险事故导致风险损失（见图2-1）。

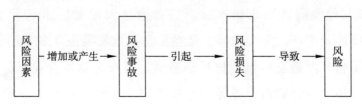

图2-1 风险作用链

二 供应链结构与风险

在给出供应链风险定义前，先了解一下农产品供应链的结构和特点及存在的问题。一般而言，农产品的生产、流通由农产品产前——信息指导和产品规划、产中——田间管理、产后——产品标准化处理加工及食品加工、流通、消费等不同的环节和组织载体构成。根据环节和组织载体的不同，可以将农产品供应链结构划分成三种形式（蒋侃，2005）[115]。

1. 批发市场型

图 2－2 为农产品供应链结构中的批发市场型。

图 2－2 批发市场型

这是一种传统的，也是目前农产品供应链的主流形式。在这种类型的供应链网络中，生产和销售之间主要通过各地农产品批发市场联结。以水果为例，化工材料制造商向果农提供化肥、农药等生产资料，包装材料制造商向果农提供塑料、纸品等包装材料，果农通过产地批发市场向果品企业（或其他收购者）出售产品。后者通过销地批发市场分销，其间涉及生产、分类包装、运输配送、批发零售等多个环节，化工材料制造商、包装材料制造商、果农、批发企业、分销商、超市、终端消费者等一起构成网链结构。这种类型的供应链的特点表现为：第一，市场交易行为主要在批发市场完成，上下环节彼此间是一种短暂交易行为，环节之间联结不紧密，供应链不稳定；第二，参与者众多且分散，交易信息杂乱，价格发现困难且信息容易失真，对产品品质监管困难；第三，链上各环节属于不同的主体，虽然可以激发个体参与市场的积极性，但由于利益、信息获取、谈判能力等差异，供应链集成度低，削弱了个体力量的集中释放。

2. 公司－农户型

图 2－3 为农产品供应链结构中的公司－农户型。

图 2－3　公司－农户型

这里的"公司"是指我国在实施农业产业化过程中出现的一批农业龙头企业。在这种类型的供应链网络中，农户在公司的组织下按照公司的要求（订单）进行农产品生产，农户向公司出售农产品，由后者进行集中加工处理，然后再开展分销活动，常见于乳制品、棉制品或肉制品供应链中。具体来讲，这种类型的供应链的特点表现为：第一，供应链相对稳定，上下环节通过事先签订的契约（合同）规定双方的权责利，彼此间是一种长期交易行为，环节之间联结较紧密；第二，通过公司的集中信息处理，农户按要求生产，公司对生产过程实施连续监管，改善了产品品质；第三，供应链对于市场风险的承载能力有限，虽然农户与公司间签订收购协议规定了收购的品种、质量、价格，但是一旦市场发生剧烈变化，超过公司承担的限度，订单将无法履行，而且由于农户处于信息获取的末端，市场信息获取及价格谈判能力较弱，可能成为其他环节参与者利益的牺牲品，这将极大地抑制农户个体参与市场的积极性。

3. 连锁配送型

图 2 - 4 为农产品供应链结构中的连锁配送型。

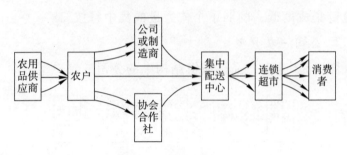

图 2 - 4 连锁配送型

这种供应链是在超市成为农产品销售的主流模式后产生的。随着现代社会生活节奏的加快和对食品安全关注程度的上升，消费者越来越多地通过连锁超市购买农产品，而超市通过扩大农产品的经营范围和销售数量，进而带动其他产品的销售。大型连锁超市一般拥有数量众多的分店，分店之间存在地域、客户群、品质要求、销售品种、数量等差异。自主集中采购或分散采购都存在一定的难度，需要有一个稳定、安全可靠、可提供多种农产品的供应源，而单一的农产品供应商（公司或农户）生产的品种和数量有限，无法同时满足超市各分店差异化的需要，需要有一个稳定、通畅的销售渠道，两者之间存在时间、空间、农产品加工技能、质量要求等方面的矛盾，这些矛盾只有通过集中配送中心加以解决。集中配送中心直接面向多个农产品生产供应者，通过集中统一的采购、加工、仓储、配送，满足不同销售点的差异化需求，并确保品质的统一。农户可以直接或通过公司、合作社向集中配送中心出售产品，双方通过长期协议确保合作的稳定。这种供应链结构虽然增加了集中配送环节，但由于集中配送中心通过增值作业（信息集中处理、集中采购、集中配送），反而可以使整个供应链成本降低。随着农产品终端销售模式的改变，这种类型的供应链将成为必然的趋势。然而，由于我国农产品供应链建设尚处于初级阶段，所以仍存在不少问题。

其一，农产品初始供应商是分散的小生产者，规模小、分布广。农民要面对市场组织生产，但市场信息传递不快，市场导向不力，导致农民盲目生产，出现了某些农产品供过于求，而某些农产品又供不应求，造成农产品流通渠道混乱，农产品市场无序运行，难以有竞争力。

其二，物流基础设施和设备落后，有些边远山区尚未做到村村通公路，农产品不能物流其畅，造成农产品"卖难"和"丰产歉收"等问题。另外，在运送农产品过程中，大多使用敞篷卡车，缺少冷藏、冷冻设备和技术，使产品保鲜成为影响农产品质量的突出问题。据统计，我国蔬菜水果及其他农产品在采摘、运输、储运等物流环节中损失率达25%～30%，每年有总价值为750亿元的农产品在运输中变质损耗。

其三，企业产供销没有形成供应链和一体化的经济利益共同体，违约现象时有发生，经营企业往往从短期利益出发，不对食品供应商进行分析、评估、比较、考察，造成供应商鱼龙混杂，大量伪劣产品堂而皇之进入食品超市。

其四，食品安全没有建立食品检验、检测体系和质量安全评价指标体系，使农产品在种植、养殖过程中不同程度地受到农药、化肥、工业"三废"污染；一些地下加工厂在加工制造过程中乱用添加剂和防腐剂，给食品安全带来严重隐患（www. china56ec. com）。

可见，与一般的单个企业不同，供应链本身要比企业复杂得多，而其所面临的风险更是五花八门。同风险的概念一样，什么是供应链风险，到目前也没有统一的认识。由于供应链的多参与主体、跨地域、多环节的特征（见图 2 - 2、图 2 - 3、图 2 - 4），使供应链容易受到来自外部环境和链上各实体内部不利因素的影响，形成各种各样的风险，这些风险会利用供应链系统的脆弱性，对供应链系统造成破坏。总之，供应链风险是风险在供应链领域应用的一个特例。

国内外学者从各种角度对供应链风险进行了定义。克兰菲尔德管理学院（Cranfield School of Management）把供应链风险定义为供应链的脆弱性，认为供应链风险因素的发生通常会降低供应链运行效率，增加成本，甚至导致供应链的破裂和失败。有效的供应链风险管理将使供应链的运行安全，降低运行成本，提高供应链的运行绩效。丁伟东等（2003）[116]指出，供应链风险是一种供应链潜在的威胁，会导致供应链系统的脆弱性，对供应链系统造成破坏，给上下游企业及整个供应链带来损失和损害。供应链上的各环节是环环相扣的，彼此依赖，相互影响，任何一个环节出现问题，都可能波及其他环节，影响整个供应链的正常运作。根据 Deloitte 咨询公司 2004 年发布的一项供应链研究报告，供应链风险是指对一个或多个供应链成员产生不利影响或破坏供应链运行环境，而使得达不到供应链管理预期目标甚至导致供应链失败的不确定性因素或意外事件。

本书根据供应链的特征，将供应链风险分为内部风险和外部风险两类（见图2-5）。内部风险来自组成供应链系统构成要素之间的互动关系，它是由供应链上各个环节之间的潜在最优的互动和合作导致的。这类风险通常是由缺乏透明性、缺乏主人翁意识、准时生产方式（JIT）的错误应用和不准确的预测所造成的。外部风险来自供应链与外部环境之间的互动，此类互动关系包括罢工、恐怖活动和自然灾难造成的破坏等，供应链中任何阶段发生的任何与外部因素有关的故障都可归类于外部风险。由于外部环境的不可控性，本书把供应链风险特指为供应链内部的原因导致的供应链整体或系统所面临的风险。结合本书对风险的定义，我们把供应链风险定义为：在特定的客观条件下，在特定的时期内，由内部风险因素引起的风险事件的发生，影响了供应链预期的正常运行，使供应链整体或系统面临损失的可能性。其中，内部风险因素是指风险形成的必要条件，是供应链风险产生和存在的前提；风险事件是指供应链内外变量发生变化导致供应链损失的事件，它是供应链风险存在的充分条件，也是联结风险因素与损失的桥梁。

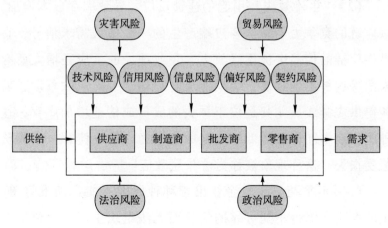

图2-5 供应链风险因素

三 供应链风险与契约

供应链风险的表现形式多种多样，其中供应链契约扮演了关键角色。供应链契约在一定程度上有效地抑制了风险，但由于我国履约环境还有待完备，各种违约的现象时有发生，尤其是在农产品领域。从某种意义上说，农产品供应链中的契约本身成了重要的风险因素。下面把最能体现供应链风险特征的且与供应链各节点间合作相关的风险列举如下。

（1）短缺造成的连锁反应，导致供应链的形象受损，竞争力下降。由于供应链伙伴间的业务紧密关联，而各个伙伴出于自身运行成本的压力，拼命地降低库存，结果是个别节点出现的短缺，就可能引起整条供应链运行中断，或扰乱整条供应链的正常排程。后果可能是由于订单延期而丢失客户，或者是由于采取了应急措施而成倍地提高了整条供应链的运行成本，导致竞争力下降。

（2）"牛鞭效应"引起的连锁反应，导致库存成本增加，供应链的竞争力下降。客户端产生的一个虚假需求信号，在沿供应链的传播中被逐级放大，企业理性的反应是增大库存来消除这种不确定性，结果造成客户端的一点风吹草动，就使得供应链成员尤其是位于源头的成员成倍地增加库存，这种库存成本同样会降低供应链的竞争力，最终使每一个成员蒙受损失。这种现象被称为"牛鞭效应"。

（3）不平衡订单。企业出于种种原因不能定期下订单，供应商则会因得不到可靠的信息而无法组织生产，导致生产能力的闲置，降低了供应链整体资源的最优化，并且这种对市场的不确定感会在供应链节点企业间传播，使得供应链的竞争力下降。

根据上述表现，可以总结出该类供应链风险的特征如下。

（1）传递性。供应链上的各环节是环环相扣的，彼此依赖，相互影响，任何一个环节出现问题，都可能波及其他环节，并显著影响整个供应链的风险水平。因此，对供应链风险的传递和控制是供应链风险管理的关键之一。根据供应链的时间顺序和运作流程，各节点的工作形成了串行或并行的混合网络结构。其中某一项工作既可能由一个企业完成也可能由多个企业共同完成。供应链整体的效率、成本、质量指标取决于节点指标。由于各节点均存在风险，所以供应链整体风险由各节点风险传递而成。传递性使供应链风险成为一种潜在的威胁，它会利用供应链系统的联动性，对供应链系统造成破坏，给上下游企业及整个供应链带来损害和损失。"牛鞭效应"便是由这种传递性引起的。

（2）契约性。供应链内部风险主要来自组成供应链系统各环节之间的关系，它由各环节之间潜在的互动博弈与合作造成，其中联结的纽带就是契约。供应链中各成员企业作为独立的市场主体有各自不同的利益取向，相互之间因为信息不完全、不对称，又缺乏有效的监督机制，因此为了争夺系统资源、追求自身利益最大化而展开激烈博弈。在我国农产品领域，由于正处于市场体制还不完善、缺乏法制观念的经济转轨时期，作为农业契约主体的农户和企业有其独特属性。对契约法律的不了解和对法律保障的怀疑，对市场业务的生疏和对市场反应的迟钝，对政府的依赖和敬畏，对眼前利益的过分看重和对长远利益的认识不足，加上体制变动的外生性影响和中国传统文化潜移默化的作用，形成了我国农产品领域违约率高达70%的局面。为了规范供应链内部的博弈行为，增强供应链的稳健性，降低供应链系统的内耗，提升供应链的整体绩效，设计一个既具有风险分担、利益共享机制，又具有适度惩罚和激励机制的农产品供应链契约显得尤为重要。

第二节　供应链契约分析

一　契约发展

契约是分析组织的基本工具。契约一词包含了不同类型的联结关系（纵向或者横向）。威廉姆森（1979）[117]根据麦克内尔的划分将契约分为三种类型：古典契约、新古典契约和关系型契约。

1. 古典契约关系

无论是在法律意义上还是在经济学意义上，这都是一种理想化的契约关系。它意味着契约条件在缔约时就得到明确的、详细的界定，并且界定的当事人的各种权利和义务都能得到准确的度量；契约各方不关心契约关系的长期维持，只关心违约的惩罚和索赔；当事人的人格化身份特征并不重要，因为交易是一次性的，交易完成后各方"形同路人"。在古典契约条件下，契约各方通过市场交换实现协调。

2. 新古典契约关系

这是一种长期契约关系。它意味着当事人关心契约关系的持续，并且认识到契约的不完全和日后调整的必要；如果发生纠纷，当事人首先谋求内部协商解决，如果解决不了再诉诸法律；它强调建立一种包括第三方裁决在内的规制结构。
如麦克内尔所说，新古典契约有两个共同特征：一是契约策
划时即留有余地；二是无论是留有余地还是力求严格筹划，
契约筹划者所使用的程序和技术本身可变范围就很大，导致
契约具有灵活性。在新古典契约条件下，契约各方通过协商
和独立的第三方实现协调。

3. 关系型契约关系

它强调专业化合作及其长期关系的维持，因此契约当事
人都愿意建立一种规制结构来对契约关系进行适应性调整。
这种缔约活动和新古典契约关系有所区别：尽管两者都强调
契约关系的长期维持和适应调整，但新古典契约的调整始终
以初始契约条件为参照物，而在威廉姆森所说的关系性缔约
活动中相应的规制结构一旦形成就会进行自我演变式的发展；
调整并不参照初始的契约条件，即使参照也不一定非坚持不
可，而是根据现实需要做出适应性调整，并且一般不需要第
三方加入。在关系型契约条件下，各方通过契约及背后的权
威规定各自的行为规范，实现一定的利益规制和行为的协调。

三种不同契约演变过程见图 2-6。

图 2-6　契约演变

不同的契约关系对应着不同的交易。需要指出的是，以
上三种契约类型之间并非泾渭分明，很难将某种交易确切地

归类为哪一种契约形式。可以把纯粹市场交换关系和完全一体化作为两种极端组织形式，两者之间有各种各样的中间组织形式，而以上三种契约类型代表了三个不同阶段的显著特征。古典契约和新古典契约都是商品契约，而关系型契约已经不纯粹是商品契约，而是涉及更为复杂的要素产权关系，所以从新古典契约变化到关系型契约之间不是连续的（在图2-6中用虚线表示）。

根据以上分析，可以将契约的三种类型，即古典契约、新古典契约、关系型契约概括如下（见表2-1）。

表2-1　三类契约的比较

类型	古典契约	新古典契约	关系型契约
联结方式	市场+农户、专业市场+农户等	企业+农户、企业+大户+农户等	企业+基地+农户、企业+合作社+农户等
交易	买卖交易，交易对象随机	买卖交易，交易对象相对固定	管理交易，交易对象固定
契约	短期通用性商品契约	长期专用性商品契约	长期专用性商品契约、人力资源与非人力资源契约
博弈	一次性博弈	重复博弈	长期重复博弈
定价	直接定价	直接定价和间接定价	间接定价
资源配置方式	价格机制	价格机制	权威机制
市场形态	外部市场、商品市场、公共市场	外部市场、商品市场、私人市场	内部市场、要素市场

二　契约作用

供应链的契约作为协调供应链的一种机制，在整个协调中发挥着重要的作用。具体来说，主要有以下几个方面。

1. 提高了供应链收益率

契约是用来详细说明并约束分销商的订购行为以及供应商满足分销商订购要求的法律文本。契约可以包括产品质量、价格、订购货物与交付货物的时间以及产品的数量等相关问题的详细说明。一个极端的情况是：契约中可能要求分销商在货物交付之前的很长一段时间内详细说明其确切的需求量。在此情况下，分销商承担着库存积压或库存缺货的风险，而供应商在送货前就掌握了确切的订单信息。另一个极端的情况是：契约中没有要求分销商提前很长时间就必须提交货物需求量的确切数目，而是要求他们在确定其需求量之后提交订单，从而补给货物交付期短。在此情况下，供应商预先获得的信息很少，而分销商可以等到获得比较确切的市场需求量之后再发出订单。其结果是，供应商必须预先建立库存，并在很大程度上存在库存积压或库存缺货的风险。随着契约参数的不断改变，供应链承担的风险在供应链上不同阶段之间发生转移，从而影响分销商和供应商的决策。在供应链合作伙伴关系的基础上，通过契约决策的不断变化来提高供应链的总收益率。

2. 使供应链合作更加流畅

建立供应链协调机制的好处是有目共睹的，但是这种协调是基于相互信任的前提下的，然而在我国，信任机制的发展还不成熟。供应链是一个企业联合体组织，彼此之间没有任何产权上的联系，而仅仅是动态的合作关系。然而，供应链契约可以以书面的形式保证合作企业的权利和义务，使这种权利和义务赋有法律效应，这样即使信任机制不健全也可以实现供应链合作企业的紧密合作，加强信息共享，相互进行技术交流和提供技术支持。

供应链合作关系产生了新增利润，新增利润如何在供应链中进行分配是供应链能否继续保持合作关系的一个重要因素。供应链契约模型可以使利润在链中通过层层分剥的形式存在于供应链的各节点企业中，而不是以最终总利润的形式在企业间进行货币形式的再分配。契约的特性就是要体现利益共享和风险共担原则，从而使供应链成员企业之间实现帕累托改进。

供应链契约使节点企业明确了自己在链中的位置和责任，使合作过程清晰明朗，有利于企业把自己的目标和整个供应链的总目标结合起来，防止个别企业为了自身的利益最大化而破坏整个供应链利益的最大化，使供应链合作更加流畅。

3. 利润分配问题

供应链中普遍存在"双重边际效应"。所谓"双重边际效应"，是指当供应链各节点企业都试图最优化自己的收益时，供应链整体的收益不可避免地受到损害。供应链契约就是为了尽量减少这种损害而提出的一种解决办法。一方面，它通过一些激励措施以调整供应链成员关系来协调供应链，通过整体的协调运作后获得的利润大于以前分散状态下的利润之和，从而使分散控制下供应链的整体收益趋向于集中控制下的供应链收益。另一方面，由于每个企业都希望从供应链的整体运作中获得更大的利润，从增加的利润中分得较大的一份，因此签订供应链契约，可以使各个企业以文件的形式确定日后的利润分配机制，这恰恰体现了新增利润再分配的原则和实现方式。

4. 风险分担问题

风险来自现实世界的不确定性，风险是和利润相联系的，许多企业不愿意承担无回报的风险。通过供应链契约的缔结，供应链上的节点企业在共同分享收益的同时，也共同承担不确定性所带来的风险。市场需求的不确定性、下游企业订货的不确定性等都可能带来风险。供应链契约的签订降低了供应链内部的不确定性（如订货的不确定性），从而降低了供应链的风险。对于供应链外部的不确定性（如市场需求的不确定性）所带来的风险，在供应链契约的制约下则由契约缔约双方共同承担。比如回收契约，供应商通过回收（部分回收或全部回收）销售季末未售出的商品来分担销售商的风险。

5. 信息不对称问题

信息的不对称是供应链各节点沟通问题的最大障碍。信息不对称导致的"牛鞭效应"是供应链运作中普遍存在的现象，而"牛鞭效应"对于供应链上的节点企业来说危害很大。为了降低"牛鞭效应"带来的负面影响，通过供应链各节点之间签订契约，可以加强各合作方的约束，遏制各节点局部最优化的行为，主要表现在以下几个方面。

（1）供应链契约的签订降低了供应链中的库存。由于供应链契约同时具有柔性和相对稳定的优点，所以在供应链中，每个企业不必像以前那样维持较高的安全库存。

（2）供应链管理成员的理性优化行为是产生"牛鞭效应"的最根本原因。供应链合作就是使原来的局部优化行为转为整体利益最大化，而供应链契约的特性可以使这种合作具体化，防止这种合作行为成为纸上谈兵。

（3）供应链合作企业之间在确定合作关系之后签订契

约，使各节点企业明确了各自的职责。以前供应链的上游总是将下游的需求信息作为自己需求预测的依据，当下游企业订购时，上游企业的经理就会把这条信息作为将来产品需求的信号来处理。基于这个信号，上游企业调整需求预测向其供应链增加或减少订购，使其供应商也做出相应的调整。这是导致"牛鞭效应"的主要原因。

现在企业之间签订了供应链契约，一方面，下游企业对上游企业的需求数量趋向于固定，即使有变动也是在供应链契约的柔性范围内，对供应和需求的影响不大。这样上游企业不必对下游企业的需求进行预测，从而避免了信息在整条链上产生滞后，防止了"牛鞭效应"的产生。另一方面，供应链契约可以使供应链上的信息共享程度得到提高，基本上链上的每个节点可以公开所有的信息，这样避免了一些不必要的预测，避免了"牛鞭效应"的产生。

三 存在的问题

上述作用同样可以体现在农产品领域，然而由于我国农产品供应链中存在大量的小农户和小企业，使得农产品供应链契约的作用大打折扣。众所周知，农业生产周期较长，供求变化的动态调整使得农产品价格在不同时点上有着明显的差异。合约价格由交易双方依据现价并预测未来价格走势共同商定。由于影响农产品供求因素的复杂性、多变性和交易信息的有限性，签约主体并不总能准确地预见到价格变化，这就使得产品交割时刻的现货价格与签约时的价格预期往往不一致。

如果严格地按照契约来组织农产品生产与交易，那么企业与农户都有可能获得风险收益，或承担风险损失。然而，在当事人追求自利而又无法对其机会主义行为加以遏制时，就会出现价格风险的转移。譬如市价高时若农户履约，则农民承受损失而让企业获利；但若农户不履约，选择按市场价出售农产品，则会增加自己的风险收益，使企业蒙受风险损失。反之，当市价低时若企业履约，则会遭受风险损失而让农民获利；但若企业不履约，按市价收购农产品，则可以增加自己的风险收益，使农民承受价格风险损失。可见，企业与农户是否遵守协议，直接影响到风险转移的程度，所以风险转移实质上就是一种信用风险。当市场行情对自己不利时，交易一方选择对自己有利的价格来转移风险，这是我国契约农业中经常出现的价格违约现象，也是现实中企业与农户利益矛盾产生的直接原因之一。目前，我国农产品供应链契约主要存在以下问题。

1. 价格谈判力不对等

由于市场价是由农产品市场的供需力量决定的，企业和农户都没有足够的控制力影响它的大小。若交易方希望自己尽可能多地得到风险收益，一个最直接的方法就是尽量把合约价格往对自己有利的方向挤压。合约价是一种由谈判力量决定的价格，谈判力大的一方掌握着定价的主动权。若企业能够压低合约价，则市场行情好时，可使企业的风险报酬增加，即使遇上行情差时，也能使风险损失减少；若农户能够抬高合约价，则市场行情好时农户可减少风险损失，行情差时可增加风险收益。合约价是企业与农户之间讨价还价的结果，受到双方垄断地位、商品属性和信息完备程度等因素的影响。现实中企业方的经济个体数量少，达成协议的交易费用较低，掌握了更多的垄断定价的力量，且企业拥有更完备的市场信息和法律知识，更有可能隐藏信息，诱使农民签订不合理合约，将价格风险推向讨价还价能力弱的农民，自己则分享较多的风险收益。

2. 败德行为监督困难

败德行为源于信息不对称条件下合约当事人一方可以隐藏行动而让另一方难以观察或者监督成本太高。败德风险直接导致了机会主义行为的约束障碍，使风险转移成为可能。例如，对农民而言，当合约价低于市场价时，农民可能隐藏产量，以减少履约数量，将隐藏的产量按市价出售以牟利；当合约价高于市场价时，农民可能虚报产量，通过从市场购买来增加履约数量，赚取市场价与合约价之间的差价。对企业来说，当市场价低于合约价时，企业可找理由减少收购量，并按市场低价购进农产品，或通过压级、压价等变相降价手段，来减少风险损失；当市场价高于合约价时，企业就加大收购量，从而提高风险收益。

3. 违约行为难以制裁

农户或企业的违约行为是违约收益大于违约成本时的理性选择。以农户为例，农户违约可获得风险报酬 $(P - Pc) \times Q$，而违约成本是市场交易成本、违约罚款和声誉损失的总和。交易成本包括信息成本、交通成本和谈判成本等，市场行情好时，农户很容易将其农产品转售出去，此时的市场交易成本很小，可忽略不计。面对农户的自利行为，企业若通过法律途径来追究农户的违约责任，则需要付出高昂的诉讼费用和时间成本代价，即使能够赢得诉讼，考虑到大多数农户都缺乏资本积累，不完全具备全额偿付违约损失的行为能力，企业的诉讼报酬很低甚至无法兑现，所以企业的理性选择会是保持"沉默"，主动放弃追索违约农户的经济赔付，自己忍受风险转移带来的损失。由于企业很难对违约农户实施惩罚，使得农户的违约成本大为降低，法律刚性约束下的履约也就成为一种不可信的承诺。同理，面对企业的违约行为，农民的理性选择也只能是自认倒霉。由于外部强制履约执行的代价太高，因而大多数情况下农产品契约交易中对违约现象的法律制裁很少有实际效果。

4. 信誉机制作用有限

根据声誉机制理论，无限重复博弈条件下的企业与农户，可借助"以牙还牙"策略的约束，对长期收益现值与短期收益进行权衡比较，修正自己的非理性行为，摆脱"囚徒困境"的困扰。然而，声誉机制发挥作用的前提条件之一是博弈方会注重长期收益。但对中国小规模经营的农户来说，声誉机制的作用效果是需要打折扣的。

（1）小农大多偏好风险规避。中国多数农户财富总量偏低，当期收益在总财富中所占比重较高，对当期的货币收入预期要远高于未来收益预期，并且经济拮据使得农户缺乏经济实力应对各种经营风险。

（2）小农大多对价格变化敏感。单个农户的交易规模较小，有限的交易数量使其当期增收的压力更多地来自边际利润的提高，而农户会高度关注农产品交易价格的变动，并且按照当期收益最大化而不是长期收益现值最大化的准则，来确定其产品的销售策略和销售对象。当外界交易环境变化时，农户会迅速做出调整以实现当期利益最大化，而不顾及违约行为对未来收益的负面影响。

（3）小农对声誉价值的观念较为淡泊。小农毕竟是分散的经营个体，交易量少，交易对象不确定，失信对小农来说不会造成大的声誉损失。由于信誉成本太低，也就自然降低了农户的违约成本，助长了农户的机会主义行为。只有当农户商品化程度提高、交易规模扩大、组织化程度提高后，声誉机制才会对农户的违约行为构成更强的约束力。

第三节　供应链违约风险分析

一　违约原因

违约风险是指契约或协议的一方无法履行其在交易中的责任时给另一方带来的风险。从广义的角度看，在现代市场经济条件下，无论是企业还是个人，在其经济活动中一旦与他人或企业签订经济合约，他们就将面临合约双方当事人的违约风险，它可以是违约方拒绝提供所承诺的货物或服务，也可以是无力按时和全额偿还所欠的债务。

供应链在运作过程中，链上的节点因业务需要而彼此签订合约。供应链中的违约风险是指合约双方当事人不履约的风险，由于契约签订的环境不同，供应链违约风险的影响面比普通的违约风险要大，如不支付货款、不运送货物、不提供服务、不偿还借款等，任何一项都涉及整条供应链的正常运作。供应链发生违约的原因是多方面的，除上一节提到的供应链契约本身存在的问题外，还有诸多因素在起作用，外部环境不可控，内部环境则是可控的，比如以下情况。

1. 违约成本问题

供应链中的节点是一个利益共同体，供应链并未改变各节点在市场中的独立法人属性，也没有消除其潜在的利益冲突。当违约带来的收益大于违约成本时，节点就有违约倾向。

2. 合作伙伴合作要素间的不一致性

供应链中各企业的生产能力并不是完全对等的，实力有高有低；供应链中各企业在技术水平、管理水平、人员素质、企业文化、职业道德等方面也都存在着差异，这些差异都影响着供应链违约风险的发生。某些企业可能因为生产能力差而无法在规定的时间内交货，也可能因为管理不善而使财务状况不够稳健，致使无法按期按量归还货款；某些企业可能会因为职业道德方面的问题，如不守信等导致的违约。

3. 来自信息方面的不确定性

在供应链建立的初期，核心企业在选择合作伙伴时，信息的不完全会导致逆向选择。一些低信用和低匹配能力的企业会鱼目混珠地加入供应链中，加大违约风险。当供应链规模日益扩大、结构日趋繁杂时，信息传递延迟及信息传递不准确的可能性都会增加，也会增加企业决策失误的概率，比如需求预测失误、生产计划不当等，这都增加了供应链企业违约的可能性。由于供应链上的企业都是"理性人"，为了保证自己的利益最大化，企业会隐藏一些商业信息；为了满足消费者的需求，企业会夸大一些公用信息（如消费者的订货量），使信息失真。供应链企业间的这种信息不对称，加大了企业违约的可能性。

二 违约影响

供应链违约风险具有独特的放大效应，不只是影响到某一节点，而是利用供应链系统的脆弱性，对供应链系统造成破坏，给上下游节点带来损害和损失，影响整个供应链的正常运作。下面就供应链违约的对象分两种情况来讨论违约风险对供应链的影响：一是上游节点违约的影响；二是下游节点违约的影响。

1. 下游节点面临上游节点供货延迟或中断的违约风险

（1）扰乱供应链运行计划，中断供应链。在目前准时制精益化的供应链管理思想下，供应链不能拥有太多供应商，在资源稀缺只有少数供应商能够提供时，如果上游节点延期订单或中断供货，会严重损害下游节点的利益，引起下游节点的原料缺乏，严重时会扰乱整条供应链的正常排程，使整个供应链生产瘫痪。

（2）客户丢失，满意度下降。缺货使客户对供应链的满意度也降低，存在着客户丢失的危险。假如货物短缺出现在制造环节，则分销环节成为丢失客户的直接受害者，供应商虽然没有过错，但由于订单减少，也要无辜地承担损失。

（3）成本提高，利润降低，竞争力下降。采取应急措施来应对货物的中断，直接导致了整条供应链运行成本的成倍提高，使利润降低，从而导致供应链竞争力下降。Martha 等（2002）[118]认为，产品或紧急事件高度依赖单一源会造成节点供应的延迟和价格昂贵。

2. 上游节点面临下游节点拖欠货款的违约风险

根据国外信用评级公司的报告，美国 2002 年大约有 240

家大型公司违约，违约金额在 1600 亿美元以上，超过了过去的任何一年。节点信贷资金挽回率不到 20%，2001 年和 2002 年违约的数量超过了以往 20 年的总和。目前，比较显著的一个特点是，违约也在一些经营状况很好的公司发生。据统计，自 2000 年起，大约有 50 家大型公司因为违约而破产倒闭。由于违约引起的不良后果已连锁反应到供应链上的其他节点，严重影响了供应链的稳定。同时，近来违约事件的频频发生，已经影响了金融部门对节点的贷款问题。金融部门开始对贷款的发放更加谨慎，节点也越来越难以从金融部门获得帮助。为了解决资金和资源短缺问题，供应链节点只好求助于链上的合作节点，因此供应链合作伙伴间的互相赊欠开始增多，即信用合约越来越多，供应链节点面临的违约风险也随之增加。

下游节点对上游节点资金的拖欠会使上游节点面临很大的潜在风险。

（1）对链条绩效的影响。如果下游节点拖欠上游节点的货款，导致上游节点资金周转困难，就会在流动资金紧张时拖欠其上游原料客商的货款。整个供应链环环拖欠，也增加了银行的贷款，一旦下游节点不能返还货款，链上的其他节点都要遭受损失，也给银行带来麻烦，商誉的损失更是不言自明，从而影响整条链的绩效。

（2）对链条竞争力的影响。一旦下游节点拖欠货款，对上游节点来讲，随之而来的资金利息、收账费用、坏账准备金等成本都会大幅度上升，这些成本必然要计入产品成本中，从而使产品卖价提高，缺乏竞争力。若这部分成本不计入产品成本中，则必然影响上游节点的经营利润，影响节点的可持续发展。供应链因受上游节点瓶颈的影响，整条链的竞争力也会下降。

(3) 不利于发展新产品、开拓新市场。对货款的拖欠也常常发生在新产品的销售过程中。由于新市场过去从来没有销过这种产品，市场需求不确定，能否销售成功，谁也没有把握。在这种状况下，销售商通常赊欠制造商的货物。在推动式供应链管理情况下，这种情况尤为明显。如果对销售商没有很好的激励，销售商不会主动推销新产品。

(4) 增加了上游节点的纳税义务，加剧了资金紧张的局面。依照现行税法，赊销收入要缴纳流转环节的流转税，包括增值税、营业税、消费税、资源税及城市建设税等，而且在确定了利润总额之后还要缴纳所得税。流转税和所得税是以销售额为计算依据的，节点必须按时以现金缴纳。上游节点的应收账款实际上增加了节点的纳税义务。一旦应收账款不能按时收回，形成呆坏账，不仅会导致上游节点货款的流失，上游节点还会为此多支付税款，更加剧了节点资金紧张的局面。

(5) 夸大了供应链的绩效。如果上游节点有大量逾期没有收回的应收账款，而且没有及时地转销为坏账损失，就会造成利润的高估，使得财务报表上的利润高于实际利润，有的节点甚至会出现虚盈实亏的现象。因此，应收账款的存在夸大了节点的经营成果，增加了节点的风险成本，这样在评价供应链绩效时也会夸大供应链的绩效，对链上节点的决策产生误导。

三　违约防范

违约风险的防范是一项复杂的工程。在当前，完全依靠提高契约方的信用来实现履约还不太现实，即使完善了法制环境，加大了违约成本，也难以取得期望的效果，反而可能导致签约率的下降。更为合理也更为现实的方法是拓宽契约的自我履约区间，其中两种途径必不可少，那就是建立动态契约体系和完善契约设计。由于供应链战略联盟是建立在契约（或协议）基础之上的组织形式，契约是成员间相互联结的纽带，因此可以通过建立动态契约体系来弥补任何契约均存在的弱点，最大限度地防范风险。

1. 建立动态契约体系

动态契约又称为灵活性契约（Flexibility Contract），其特点如下。

（1）提供许多灵活性选择权的条款，其中大部分条款视契约方工作进展情况和市场变化而定。

（2）不采取或不鼓励一次性契约的做法，而是只有在完成上一个契约条款的基础上，才可执行下一个契约。

（3）在工作的不同阶段，采取不同的契约形式，以有效规避风险（见表2－2）。动态契约包括动态检查机制、利益分配/风险分担机制、激励机制、惩罚机制和清算机制。

表2－2　不同时期供应链可采用的契约形式

时期	契约形式
供应链建立阶段	产品订单形式
供应链运行初期	CPFF（成本加固定酬金契约）
供应链运行中期	CPIF（成本加激励契约）或 CPAF（成本加奖励酬金契约）
供应链运行后期	FFP（固定价格契约）或 FPI（固定价格激励契约）

在供应链战略联盟中，由于伙伴间信息不对称，在利益

驱动下可能出现败德行为，必须有相应的动态检查机制对其进行约束。同时，由于收益和风险是不可分割的，能否实现伙伴间收益的公平分配、风险的合理分担，是决定联盟成败的关键。因此，建立动态契约体系，关键是要合理确定合作伙伴的收益分配比例。

伙伴利益分配/风险分担机制应满足4条基本原则。

（1）收益全部由伙伴分享；

（2）风险与收益呈正相关关系；

（3）投资额与收益呈正相关关系；

（4）双赢原则。

在确定风险投资分配协议时，由于投资的不可逆性及投资的机会成本的存在，各伙伴的收益要与其承担的风险相当，和其投资额相适应。

2. 完善契约设计

违约风险的本质是供应链节点在契约签订之后，利用自己的信息优势，通过减少自己的要素投入或采用其他机会主义行为（如提供劣质服务等），损害其他节点的利益满足自己的需求而造成的投机风险。加上各个节点参加供应链的目标不太一致，因而在战略目标上会存在冲突。所以，在合作中过于关注自己的利益而忽视了供应链整体的长期合作利益，将资源过多地放在自身目标利益的实现上而忽略了供应链整体目标的实现。因此，必须通过制定一定的规则（契约）对供应链成员的行为进行规范，保护其他成员的利益，提高供应链管理过程中的公平性，从而保证供应链的存在与发展。供应链的理想最优契约治理目标是，供应链各方共同分担风险，能够利用一切可能利用的信息，将不对称信息转化为对称信息。同时，要考虑收益与成本的均衡。当前，国外在数量化契约方面已取得长足进步，国内供应链契约的研究方兴未艾，但还需要从理论上对供应链契约进行完善，主要包括以下三个方面。

（1）将契约载体复杂化。如可以将供应链契约的研究扩展到供应商和零售商之间多对多、一对多的情况，甚至是多周期、多产品种类、多层次的供应链网络结构。

（2）考虑信息不对称。在供应链协作的过程中，由于自私，供应商或者零售商往往会向对方隐瞒其有价值的信息，以期获取私利，这样无疑会削弱供应链的协作效率，甚至导致供应链协作的失败。通过设定相应的契约条款和契约参数，以揭开不相应的私有信息，对于实现供应链的协作、提高供应链的效率具有重要的意义。

（3）考虑风险偏好。由于参与供应链的节点的经济实力千差万别，其承担风险的能力也大不相同，风险态度更是多种多样。如果设计一种契约，能考虑到契约方不同的风险态度，如对那些风险规避的节点，则给予固定报酬，而对于那些风险偏好的节点来说，可以给予丰厚的奖励措施，让其承担更多的风险，那么，对于契约的实施将大有益处。

第四节　本章小结

本章首先界定了风险的内涵，明确了风险的三个组成部分：风险因素、风险事故和风险损失，以及它们的相互关系。在此基础上，结合我国农产品供应链的结构和特点及存在的问题，把供应链风险定义为：在特定的客观条件下，在特定的时期内，由内部风险因素引起的风险事件的发生，影响了供应链预期的正常运行，使供应链整体或系统面临损失的可能性。本章进而分析了供应链风险的特点，指出契约在其中扮演的关键角色。

本章其次研究了契约从古典契约到新古典契约再到关系型契约的发展历程，阐述了契约所具有的功能和我国农产品供应链契约作用大打折扣的深层次原因——居高不下的违约率。

本章最后结合上述分析内容，探讨了在供应链运作过程中，发生违约现象的内外原因，重点分析了内部可控因素，评估了违约对供应链上下游节点的影响，相应地提出了建立动态契约体系和完善契约设计的防范措施。

第三章
供应链契约原型分析

目前，供应链契约优化问题停留在探讨阶段，尚未形成成熟的理论框架和研究规范，作为研究基础的供应链契约原型缺乏统一的定义和规范的表述。本章从供应链结构分类入手，归纳了供应链契约的主要控制模式，得出在分散控制模式下，契约的不完全性会产生广泛的影响。然而，进一步分析认为，契约的不完全性又是不可避免的，其发展方向之一就是放弃一些假设前提，对契约原型进行扩展研究，使其更一般化。在此基础上，提出了供应链契约优化的概念模型和形式化表示，并对供应链契约的优化过程进行了形式化描述。

第一节　契约控制类型

一　供应链结构分类

通过文献分析和实证调研，按照供应链是否形成产业链功能（即是否存在系统协调控制机制）将现有供应链分为两大类：传统松散型供应链和紧密型供应链。两者的区别主要在于供应链的主体是否已形成稳定的契约与协作关系，其中松散型供应链是指交易主体之间并未形成稳定的合作关系的农产品生产/流通结构。

1. 传统松散型供应链结构

（1）P-C 型结构。一种二元供应链结构，组成上述供应链的主体元素主要有两类：商品提供者和商品消费者（Producers-Consumers）。二元供应链结构是最早出现，也是历史最悠久的一种农产品产销模式。日常生活中的菜农自产自销、大农场的部分自销作业、消费者直接从产地进货都属于这种结构形式。随着产业分工和行业的发展，这种结构在供应链中的比重逐步减小。

（2）P-R-C 型结构。一种三元供应链结构，由生产者 – 销售者 – 消费者（Producers-Retailers-Consumers）组成。在现有的农产品营销体系中，零售商直接从生产者处进货、大型农场或农民合作组织直接将农产品运往中央市场或次级批发市场出售、超市或连锁食品店直接从大型农场或地方集聚市场采购等流通方式都属于这种结构。

（3）P-M-R-C 型结构。一种供应链中的多元结构，主要由生产者（Producers）、各级批发商（Merchants）、零售商（Retailers）和消费者（Consumers）组成。农产品的产地与销地之间存在着空间差异性，农产品的异地销售占较大的比例，承担农产品流通任务的主体逐渐分化，形成了多级批发商并存的农产品供销体系。

上述三种传统松散型供应链主要以对手交易为主，处于农产品流通全过程被不同主体割裂开来的分散状态，供应链管理中协作与共赢的主旨在这种背景下很难实现。

三种传统松散型供应链结构见图 3 – 1。

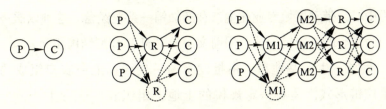

图 3 – 1　三种传统松散型供应链结构

2. 紧密型供应链结构

在实行产业化经营的农产品流通结构中，"公司 + 农户"形式最为典型。根据农业部的调查，在 11824 个农业产业化经营组织中，"公司 + 农户"所占比例最高，达到 45%。通过实地调查和文献整理，将现阶段产业化条件下的供应链结构总结为以下 6 种形式。

（1）加工配送企业带动型。以农副产品加工配送企业为龙头，由市场→龙头企业→基地→农户组成的供应链形式。以市场为导向，开拓市场为经营重点，带动链条成员实现农产品的生产和经营，具有相对稳定的客户群。市场经营状况将决定基地的生产规模和对农户的带动规模，利润主要来自加工配送所产生的农产品附加值。在链条的利润分配上存在两极分化的现象，供应链管理的核心问题在于实现生产、加工、销售等环节的利益最优分配。

（2）贸易公司带动型。以贸易公司为龙头，由市场→贸易公司→生产基地→农户组成的供应链形式。公司有自己下属的农产品生产基地，基地和周边的农户作为生产单位，由店面或超市负责销售。公司与农户之间是雇佣关系，农民以一种农业工人的形式领取工资。

（3）专业市场带动型。以农产品交易市场、专业批发市场为中心，带动区域专业化生产和产加销一条龙经营。这种以服务商为中心的供应链形式，同前文中的 P-M-R-C 型结构相同。

（4）生产基地型。由批发市场→生产基地→农户组成的供应链形式。是在一定规模的土地上组织农民进行生产，生产关系以土地和生产技术相对集中为纽带，以初级的专业化、规模化生产为主要形式的一种产业化经营形式。产业化集中在生产环节，通过批发市场进行销售，风险较大，利润共享，风险共担。

（5）主导产业带动型。属于专业化生产、订单农业销售的产销一体化企业，与农户的生产关系主要是雇佣或联产计酬的分配制度。由市场→产销一体化企业→农民组成的供应链形式，关键在于寻找优势产品和形成一定的生产、销售规模。

（6）科技组织带动型。由市场→科技公司(组织)→农户组成的供应链形式。由科技公司（组织）牵头，进行科工贸一体化经营。其特色在于具有较高的技术含量或高技术产品，是集试验、示范、推广和生产于一体的一体化农产品产业化组织。

对于上述 6 种供应链组织形式，都可以概括为"公司＋农户(生产基地)"二元结构，是农产品产业化进程中最重要的一种组织形式。在"公司＋农户"的基础上，又出现了"公司＋经济合作组织＋农户""公司＋经纪人＋农户"等组织形式。根据供应链节点成员的数量，本书将各种供应链组织大致划分为两类："公司＋农户"模式的二元供应链结构和"公司＋中介组织＋农户"模式的三元供应链结构形式。

两者在实际环境下又表现出多种具体的结构形式。

二　供应链契约控制模式

在现有的供应链网络中，组成主体之间的紧密程度和隶属程度不同，因此供应链的控制也分为集中控制模式和分散控制模式两种。所谓集中控制模式，是指这样一种供应链结构体系：供应链中核心成员在进行决策时可以获得成员组织的相关信息，并且在制定决策时可以促使成员组织放弃局部利益而与整体利益目标保持一致。在分散控制模式下，供应链中的组织成员具有独立的决策权，所追求的目标是自身利益最大化，外部成员无法通过强制手段促使主体成员改变其决策，这时所制定的决策往往是局部最优的。因此，在多数情况下，分散控制模式下的供应链整体绩效水平要比集中控制模式下的低。

成熟的供应链关系确立后，农户与公司之间通过长期的贸易关系已经形成了稳定的契约关系，即订单农业形成。此时的契约关系调整对供应链的稳定和整体利益最大化关系至为重要。

1. 集中控制模式

“公司－生产基地－农户”是集中控制模式的代表。在这种供应链结构中，农户通过农产品生产基地与公司发生贸易关系。一般情况下，生产基地由龙头企业直接出资，农户提供的主要是劳动力和土地，最后的产品由公司包收。这时，龙头企业的资产专用性水平具有较大的提升。为了加强对产品生产的监管，龙头企业需要提供生产过程中关键农艺的指导，以及种子、农药和一些生产用物资。而农户与其他生产方式相比，只是将生产的决策权交给了企业，资产的专用性并未受到较大的影响。在这种模式下，公司拥有生产决策的制定权，农户仅仅根据公司的决策进行生产活动。此时，公司的利益和供应链整体利益是一致的，而农户对于生产经营中的风险未承担责任。因此，很多企业需要面对两种风险：农产品生产过程中的生产风险和市场因素造成的经营风险。

同时，为保证契约的顺利执行，公司需要支付高昂的监控成本：有关信贷资金的监控成本、生产质量和业绩的监控成本以及具体经营行为的监控成本。实践表明，这种经营模式已逐渐被公司所放弃。

2. 分散控制模式

"公司－经纪人－农户"是此种控制模式的代表。在这种模式中，公司不再与农户直接进行交易活动，而是通过经纪人签订契约，再由经纪人与农户签订生产契约。这种情况下，中间商对于契约履行与否起着至关重要的作用。

公司对于未来需用的产品，提出产品品种、数量、质量和价格的大致要求，中间商负责安排农户生产。与生产有关的各项投资活动由农户自己负担，中间商对于农户的影响主要是由于非经济关系（如血缘关系、邻里关系、行政领导关系等）而产生。这时产品的专用性资产投资完全由农户负担，农户主要面对的是生产过程中的自然风险和公司违约的供应链内部风险，公司则主要面对的是供应链的外部经营风险和交易主体的履约风险。此时，决策的主体是分离的，各自遵循着自身利益最大化的原则进行决策，存在着"双边际效应"现象，即整体利益与个体利益之间存在着差距，而这种差异决策导致局部最优和投机行为的大量产生。例如，出现高于契约价格的市场行情时，农户可能会违约；低于契约价格时，公司可能会找各种借口违约。这都属于"双边际效应"现象。经纪人的作用主要体现在对双方信用机制的保障上。

上述分析将是本书后续研究的重要基础，因为在两种不同的契约控制模式下，供应链契约的收益函数是有重大差异的。在分散控制模式下，供应链节点追求各自的收益最大化，但是由于存在"双边际效应"，必然会有供应链整体收益的下降，从而降低了供应链整体的竞争力。而在集中控制模式下，存在着权威的核心企业，各个节点在其统一指挥下，可以朝着一个方向努力，从而获得供应链整体收益的最大化，但是有时在供应链内部会存在分配不公的现象。在本书的后续研究中，将通过契约优化，改造分散控制模式下的供应链，使其在获取最大整体收益的同时，最大化节点的收益。契约需要优化，这说明契约本身并不是尽善尽美的。事实上，契约本身存在很多漏洞，或者说是不完全的。

第二节　不完全契约原理

一　GHM 模型的提出

不完全契约理论，即 Grossman-Hart-Moore（GHM）模型，或称所有权 - 控制权模型，是由格罗斯曼和哈特（Grossman and Hart，1986）[119]、哈特和莫尔（Hart and Moore，1990）[120]等共同创立的，因而这一理论又被称为 GHM 理论或 GHM 模型。国内学者一般把他们的理论称为"不完全契约理论"，因为该理论是基于如下分析框架的：以契约的不完全性为研究起点，以财产权或（剩余）控制权的最佳配置为研究目的，是分析企业理论和公司治理结构中控制权的配置对激励和对信息获得的影响的最重要的分析工具。GHM 模型直接承继科斯、威廉姆森等开创的交易费用理论，并对其进行了批判性发展。

所谓契约的不完全性，是指契约不可能做到完备的程度。哈特从三个方面解释了契约的不完全性。"第一，在复杂的、十分不可预测的世界中，人们很难想得太远，也很难为可能发生的各种情况都做出计划。第二，即使能够做出单个计划，缔约各方也很难就这些计划达成协议，因为他们很难找到一种共同的语言来描述各种情况和行为。对于这些，过去的经验也提供不了多大帮助。第三，即使各方可以对将来进行计划和协商，他们也很难用下面这样的方式将计划写下来：在出现纠纷的时候，外部权威，比如说法院，能够明确这些计划是什么意思并强制加以执行。"不完全契约理论认为，由于人们的有限理性、信息的不完全性及交易事项的不确定性，使得明晰所有的特殊权力的成本过高，拟定完全契约是不可能的，不完全契约是必然和经常存在的。

二 GHM 模型分析

GHM 模型是两个代理人模型，当完全契约不可能时，其中一个代理人应该拥有资产，即对事前不能签约的事项拥有事后控制权，这个拥有控制权的人应该是更有积极性进行关系专用投资的那个人。GHM 模型比较复杂，这里用一个简化的 GHM 模型来分析该模型表达的主要含义，分两步进行：假设有一个完全信息的情况，然后在此基础上引出不完全契约的情况。

1. 完全信息、完全契约

此处的完全契约是指在信息完全的条件下，契约双方确定一个契约商品的价格。关系专用投资者根据这个价格确定利润最大化的投资水平。设有供应链节点 A 和 B，其中 A 节点生产中间产品并出售给 B 节点，B 节点从 A 节点购买中间产品生产最终产品并在市场上出售。在 T_0 期，B 投资 i，如果能与 A 交易，则在 T_1 期产生的总收益为 $R(i)$。由于这种投资属于专用 A 的关系投资（只对其交易伙伴 A 有用），因此该投资成为沉没成本。根据投资效率递减原理，有 $R > 0$，$R' > 0$，$R'' < 0$。再假设 A 的生产成本为 0，则总收益最大化的一阶条件为：

$$\max R(i) - i \tag{3-1}$$

令 $\dfrac{d[R(i) - i]}{di} = 0$，得

$$R'(i) = 1 \tag{3-2}$$

设满足上面条件的最优投资水平为 i^*，契约产品的市场价格为 p。当投资 $i = i^*$ 时，以均衡价格 p^* 成交，才能保证交易双方都获得正利润。由于信息和契约是完全的，事前规定契约产品价格为 p。设 A 的利润为 r_1，B 的利润为 r_2，则 $r_1 = p$，$r_2 = R(i) - i - p$；若 B 的投资决策是按利润最大化原则做出的，则 $r_2 = R(i) - i^* - p$。

可见，在投资水平既定的条件下，$i = i^*$，双方的利润都取决于契约产品的价格 p。如果这个价格是在 T_0 期通过契约确定的，则在其他条件不变的情况下，专用投资水平会达到

最优，预期双方都能获取正利润，交易会在 T_1 期生产，或者说，契约会得到执行。然而现实并非如此，比如 B 在 T_0 期做出了关系专用投资，且形成沉没成本。在生产中间产品的企业不存在竞争的条件下，即只有 A，根据假设，因为 A 没有成本，也就是 A 没有进行关系专用投资，则 A 的谈判力增强，并以此要挟停止执行契约将产品出售给 B，B 只好与 A 重新谈判议价。价格水平的高低取决于双方的谈判力。由于 A 的谈判力占绝对上风，价格 p 会升至等于全部利润。换言之，$r_1 = p = R(i) - i^*$，$r_2 = 0$。B 的利润为 0，在 T_1 期不会有交易发生。进一步而言，由于信息是完全的，B 会预料到这一切情况；在 B 预期利润为 0 的情况下，在 T_0 期 B 根本就不会投资，因为 B 预期其成本不会收回。此外，还有在 A 存在竞争者的情况下，由于产品质量的事后不可验证性，B 可能以 A 的产品质量不符合要求为由而拒绝执行契约；或者在 B 存在竞争者的前提下，A 提供了不合要求的产品，B 拒绝接收，导致契约不能履行。可见，即使在完全信息的条件下，也不可能签订一份能保证契约双方都能执行的完全契约。其原因就是因为专用投资导致的机会主义行为性质的"要挟"。

2. 完全信息、不完全契约

假设在 T_1 期根据具体情况重新谈判，以决定契约产品的价格和事后收益 $R(i)$、利润 r_1 和 r_2。由上面的分析可知，没有交易发生对契约双方都是损失。因此，双方都会进行投资，并在事后谈判时其中一方做出适当的让步。首期投资由于其关系投资性质成为沉没成本，如果卖者采取机会主义行为停止交易，买方只能以极高的价格成交。停止交易卖方也是零利润。在卖方做出让步的情况下，只要保证买方有正利润，

在 T_1 期就有可能进行交易。至于事后交易的利润 r_1 和 r_2 各自的大小，则取决于双方的谈判力。如果假设双方都从事关系专用投资，且都存在竞争者，博弈的结果就会是"事后双边垄断"，双方谈判力相等，对利润分配的结果就是"对半"（50∶50）分成。因此，价格 $p = R(i)/2$。买方 B 的利润为：

$$r_2 = R(i) - i - p = R(i)/2 - i \tag{3-3}$$

很明显，r_2 取决于 i，卖方 A 为了实现利润最大化，在事前（T_0 期）决定其投资水平。其最大化的一阶条件为：

$$\max R(i)/2 - i \tag{3-4}$$

令 $\dfrac{d[R(i)/2 - i]}{di} = 0$，得

$$R'(i) = 2 \tag{3-5}$$

设满足这个条件的投资为 i_0，它比假定 $R'' < 0$ 时的最优投资 i^* 少，由于 $R > 0$ 和 $R' > 0$ 时投资太少，因而没有效率。无效率还将出现在分配决策不是 50∶50 的情况下，如果卖者获得正利润的话。从这里得出的一个结论是：即使事后谈判议价，且其中一方做出让步，让交易能够进行，仍然存在"专用资产投资不足"的问题。专用资产投资不足导致整个供应链效率低下，并减少总收益及各自的利润量。

三　GHM 模型的发展方向

GHM 模型的发展主要分两个方向进行：一是将其不完全契约理论的应用范围从产权理论、企业边界理论扩展到组织理论、融资理论、公司治理结构理论等领域；二是放弃一些假设前提，对原模型进行扩展研究，使其更一般化。

第三节 契约设计基本假设

GHM 模型在供应链中的应用就是供应链契约，其原理就是在 GHM 模型的基础上，放弃一些假设前提，根据供应链具体的运行环境，对原模型进行改造和扩展，所以本质上仍然是一种不完全契约。在供应链的实施过程中，可能会碰到种种问题，如果其中一个节点不配合或配合不理想就会引起供应链的连锁不良反应。不配合或配合不理想的原因有很多，但是深层次的原因只有一个，那就是成员间的利益分配不合理问题。这些问题出现的根本原因在于供应链本质上是由相互独立的利益主体组成的企业网络，企业间存在着利益冲突，因此如何通过设计合理的契约机制，促进供应链的稳定运行，从而使得整个供应链的风险最低，是供应链风险研究的重要领域。

一 研究内容

从供应链运行中经常出现的几大关键风险来看，供应链契约应该包含以下内容。

1. 利润分配约定

供应链契约的主要内容是利润如何在合作双方之间进行划分，也就是利润的分配问题。供应链契约包括按什么原则进行分配、分配的形式是怎样的，以及如何设计利润分配的模型。

供应链利润的分配主要应该体现利益共享和风险共担原则。在分配利润的时候，实际上力量大的企业在利润分配中起着主要作用。它在供应链成本、交易方式、利润激励等方面起着举足轻重的作用。主导企业对利润分配的态度能影响和左右其他企业对合作的积极性和对供应链利润增值的贡献。

供应链合作的利润分配形式和一般合作的利润分配形式有所不同，利润是通过层层分剥的形式存在于供应链的各个节点企业间的，而不是以最终总增值利润的形式在企业间进行货币形式的再分配，也就是说，再分配的方法是不同的。因此，供应链上利润的分配体现在节点企业间的讨价还价关系，体现在节点企业在市场需求、销售价格、生产过程、产品质量、运输时间等方面达成的共识。产品价格就是利润分配的一种形式，折扣也是利润分配的形式，这些具体形式产生的结构直接构成利润的重新分配。

供应链的沟通与协调能力是衡量供应链作为一个整体的运作绩效的标准之一。供应链上的成员通过各种具体协调模式来建立契约关系，协调买卖双方的利益，企业之间签署的契约恰恰体现了新增利益再分配的原则及实现方式。

2. 激励内容

对节点企业的激励是能否使节点企业参与此供应链的一个重要条件。为节点企业提供只有参与此供应链才能得到的利益是激励条款必须表现的，此外，激励条款应包含激励节点企业提高包括质量控制水平、供货准时水平和供货成本水平等业务水平的内容，因为节点企业业务水平的提高意味着业务过程更加稳定可靠，而且费用也随之降低。

一般而言，有以下几种激励模式可供参考。

（1）价格激励。高的价格能增强企业的积极性，不合理的低价会挫伤企业的积极性。供应链利润的合理分配有利于供应链企业间合作的稳定和运行的顺畅。

(2) 订单激励。供应链获得更多的订单是一种极大的激励，在供应链内的企业也需要更多的订单激励。一般来说，一个制造商拥有多个供应商，多个供应商的竞争来自制造商的订单，多的订单对供应商是一种激励。

(3) 商誉激励。商誉是一个企业的无形资产，对于企业极其重要。商誉来自供应链内其他企业的评价和在公众中的声誉，反映企业的社会地位，包括经济地位、政治地位和文化地位。

(4) 信息激励。信息对供应链的激励实质属于一种间接的激励模式，如果能够很快捷地获得合作企业的需求信息，企业能够主动采取措施提供优质服务，必然使供应链合作各方的满意度大为提高，这对在合作方之间建立起信任关系有着非常重要的作用。

(5) 淘汰激励。为了使供应链的整体竞争力保持在一个较高的水平，供应链必须建立对成员企业的淘汰机制，同时供应链自身也面临淘汰。

3. 关于质量控制的相关内容

在基于供应链的采购管理中，质量控制主要是由供应商进行的，企业只在必要时对质量进行抽查。因此，关于质量控制的条款应明确质量职责，还应激励供应商提高其质量控制水平。对供应商实行免检，是对供应商质量控制水平的最高评价。契约中应指出实行免检的标准和对免检供应商的额外奖励，以激励供应商提高其质量控制水平。

4. 关于信息交流的规定，即建立信息共享机制

供应链企业之间任何有意隐瞒信息的行为都是有害的，充分的信息交流是基于供应链的采购管理良好运作的保证。因此，契约应对信息交流提出保障措施，如规定双方互派通信员和规定每月举行信息交流会议等，防止信息交流出现问题。

5. 损害双方合作的行为的判定标准，以及此行为要受到的惩罚

供应链节点企业间的长期合作是供应链协调运作的基础，任何有损于合作的行为都是有害的，不管此行为是供应商引起的还是分销商引起的，因此对这种行为的判定和惩罚是契约的必要组成部分。

6. 契约更新规定，即重新配置决策权

随着市场状况的变化，供应链契约的内容也要随着变化。契约更新规定包括以下内容：在何种情况下，契约应重新制定；在何种情况下，契约应中止；在何种情况下，契约失效；等等。

7. 风险共享机制，即如何在供应链节点企业间分配风险

因为市场不确定性的存在，风险不可回避，风险共担也是契约的内容。而最小购买量就是将供应商的风险和分销商分担，退货实际上是把分销商的风险转嫁给供应商。

二 主要契约参数

供应链中买卖双方的结构见图 3 - 2。

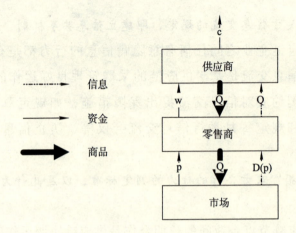

图 3 - 2　供应链买卖双方结构

由图 3 - 2 所示结构可以看出，诸如定价(Pricing)、最小购买量(Minimum Purchase Commitments)、退货策略(Return Policies)、数量灵活性 (Quantity Flexibility)、提前期(Lead Time)、质量(Quality)、决策权确定 (Specification of Decision Rights)及分配原则(Allocation Rules)等问题，都属于供应链契约设计中需要考虑的问题，分别说明如下。

1. 定价 (Pricing)

比如 $P(Q) = F + tQ$，F 表示基本价格，常数 t 表示销售量每增加一单位时价格变动的幅度。当 $F = 0$ 时是定性问题，更复杂的价格策略也有，比如说数量折扣的供应链契约中的定价问题。

2. 最小购买量 (Minimum Purchase Commitments)

要求买方承诺一次交易量不小于某个数值，或在某段时间内累计交易量不小于某个数值。供应商可以通过减少买方付款的方式以激励分销商同意此协议。

3. 退货策略（Return Policies）

分销商可以把部分或全部未出售的商品返还给供应商。

4. 数量灵活性（Quantity Flexibility）

灵活订货往往发生在买方需求可变的情况下。在这种情况下，买方在调整需求预测时，要求用随机需求模型描述需求的变化规律。

5. 提前期（Lead Time）

传统库存模型或将提前期设为固定值，或将其用随机变量实现。而把提前期作为契约调整内容时，可以带来利益。确定合适的提前期可以提高供应链的协调能力。

6. 质量（Quality）

把有关产品质量的条款在契约中正式确定并写入，可以有效地保护买方的利益。

7. 决策权确定（Specification of Decision Rights）

决策权是供应链契约中的主要问题之一，根据买卖双方的实力以及他们在供应链中的位置来分配决策权。

8. 分配原则（Allocation Rules）

分配原则是指当产品供不应求时，供应商的产品或生产能力如何在多个分销商之间分配（如按订货量进行分配，或按历史销售量进行分配）。

因此，要设计完善的契约需要考虑的因素非常多。在完善的契约设计过程中，在考虑众多复杂因素的同时，还可以考虑信息不对称或供应链各节点具有不同风险偏好的情况，增加契约适用的范围，以降低契约风险。

第四节 确定性需求契约分析

一 契约研究分类

根据外部市场需求类型的不同,供应链契约研究采用的基本模型可分为两类。

1. 需求确定情况下的经济订货批量(Economic Ordering Quantity, EOQ)模型

需求确定是指假定市场需求在进行契约设计时被认为是可知的或在销售价格确定后可知,即假定市场需求或者是一个常数,或者是一个确定性的价格弹性需求函数。需求确定情况下的契约设计采用的基本模型和方法类似于库存论中的EOQ模型分析(Anupindi et al., 1993)[109]。但供应链契约研究中的EOQ模型与传统库存论相比有很大区别。

首先,供应链契约设计至少包含了两个供应链节点成员企业(库存论中仅为一个)。

其次,供应链契约设计研究了成员企业间的集成、不合作及协作等多种关系下的收益情况(库存论仅研究集成关系)。

最后,供应链契约设计中需要涉及经济学、市场学、运筹学、运作管理等方面的理论和方法,使得研究过程更加复杂和困难。

2. 需求不确定情况下的报童(Newsvendor)模型

需求不确定是指市场需求函数被假定为一个随机变量的函数,在进行契约协调机制设计时,仅可知该随机变量的分布函数,而无法获得其最终的销售具体数值。需求不确定情况下的供应链契约设计主要是基于报童模型。在目前激烈的市场竞争环境中，产品的生命周期越来越短，产品需求的不确定性越来越高，面向确定性需求的供应链契约设计已经不能满足时代发展的需要，但是作为供应链契约分析和比较的基础，本章将予以研究，在第四章和第五章将重点研究需求不确定情况下的供应链契约设计问题。

二　契约分析步骤

供应链契约设计一般采用博弈论中的 Stackelberg 博弈进行分析。供应链中的核心企业作为 Stackelberg 博弈的主方首先设计出契约协调策略，契约中包含了一定的激励机制，供应链中的其他成员企业作为从方决定是否接受该契约，并以一定的从方策略响应主方。基于 Stackelberg 博弈的供应链契约建模与分析包括三个步骤。

（1）分析供应链在集中控制模式下的决策变量的取值情况及供应链的整体绩效水平，作为后面分析比较的参考。

（2）确定当成员企业间的关系为不合作情况（即分散控制模式下且相互不协作）时，决策变量的取值情况及供应链的绩效水平，并比较其与集中控制模式下的决策变量取值的不同，强调设计契约协调机制的必要性。

（3）研究如何设计有效的契约协调机制，使得在分散控制模式下保证供应链整体收益获得改善，甚至达到集中控制模式下的水平。

三　模型假设及参数

假设市场是垄断市场，市场需求为价格弹性需求，包含一个供应商和一个销售商的两级供应链系统,供应商生产(或从其上游供应商处购买)单一产品并以批发价 w 销售给销售商,销售商从供应商处购买产品数量为 Q,并以市场零售价 p 销售产品到最终客户。供应商的决策变量为批发价 $\{w\}$,销售商的决策变量为订单数量 $\{Q\}$ 和市场零售价 $\{p\}$。这是一个买 – 卖协调问题,供应链契约研究的目的就是在各种控制结构(集中控制、分散控制)情况下确定最优 $\{(w),(Q,p)\}$,使销售商、供应商和系统利润最大。

1. 基本假设

(1)供应商提供单一产品,单位生产成本为常数;

(2)所有信息(成本信息、需求信息等)均为对称信息(共享信息);

(3)采用 Lot-for-Lot 政策,即供应商生产数量与销售商订单数量相等,不考虑供应商库存成本;

(4)不考虑缺货成本,供应商的生产率无限大;

(5)订单提前期为零,即销售商的订单需求能立即得到满足;

(6)市场需求为价格弹性(Price Elasticity),并且不受数量折扣的影响;

(7)供应商和销售商都是独立的经济实体、风险中性者(Risk-neutral),各自最大化自身利润。

2. 模型参数

c —— 供应商单位生产成本;

w —— 供应商给销售商的单位批发价;

p —— 产品销售到市场的单位零售价,且 $p \geqslant w \geqslant s$;

Q —— 销售商从供应商那里获得的订购量;

$D(p)$ ——市场需求为价格弹性需求，为计算方便，假设其表达式为：

$$D(p) = Kp^{-\alpha} \qquad (3-6)$$

其中，K、α 为常数。K 为系数，α 为弹性系数且 $\alpha > 1$。

$\prod^c(Q)$——集中控制下的供应链利润；

$\prod_s^d(Q)$——分散控制下的供应商利润；

$\prod_r^d(Q)$——分散控制下的销售商利润；

$\prod^d(Q)$——分散控制下的供应链利润，即 $\prod^d(Q) = \prod_s^d(Q) + \prod_r^d(Q)$；

Q^c——集中控制下的系统最优订购量，即 $Q^c = \mathrm{argmax}\ \prod^c(Q)$；

Q^d——分散控制下的最优订购量。

3. 利润模型

销售商利润模型：

$$\prod^r(p,Q) = Q(p - w) \qquad (3-7)$$

供应商利润模型：

$$\prod^s(w) = Q(w - c) \qquad (3-8)$$

供应链系统利润模型：

$$\prod(p,Q) = \prod^r + \prod^s = Q(p - c) \qquad (3-9)$$

四 集中控制下供应链最优契约

集中控制下，供应链由单一决策者利用全部信息做出决策，使得供应链整体利润最大化，这时供应链利润为 $\prod^c$。这是一种合作博弈模型，博弈的参与者（供应商与销售商）之间达成一个协议，联合最大化系统利润。

把式（3-6）代入式（3-9），则供应链系统总利润模型为：

$$\prod{}^{c}(p) = Kp^{-\alpha}(p - c) \qquad (3-10)$$

使系统总利润最大的零售价：

$$\frac{\partial \prod{}^{c}(p)}{\partial p} = 0$$

最优零售价：

$$P^{c} = c \times \left(\frac{\alpha}{\alpha - 1}\right) \qquad (3-11)$$

最优订单数量：

$$Q^{c} = \left(\frac{\alpha - 1}{\alpha}\right)^{\alpha} \times \frac{K}{c^{\alpha}} \qquad (3-12)$$

系统最大利润：

$$\prod{}^{c} = \left[\frac{(\alpha - 1)^{\alpha-1}}{\alpha^{\alpha}}\right]\frac{K}{c^{\alpha-1}} \qquad (3-13)$$

由式（3-11）和式（3-12）分别得到的 p^{c} 和 Q^{c} 就是合作博弈的均衡结果，式（3-13）是在博弈均衡情况下得到的系统最大利润 $\prod{}^{c}$。

五　分散控制下供应链最优契约

分散控制下，供应链成员各自追求自身利润最大化，这是一个完全信息下两阶段动态非合作博弈模型，也是一种 Stackelberg 博弈模型。Stackelberg 博弈模型是子博弈精炼纳什均衡的最典型的版本，其博弈过程如下。

供应商作为领导者（Leader）占垄断地位，首先做出决策，选择批发价 w；销售商作为跟随者（Follower）观测到供应商的批发价 w，并由此做出自己的决策，选择使自己利润最大的最优零售价 p^d 和最优订购数量 Q^d。由于供应链成员的信息是完全信息，因此供应商可以预见销售商的决策，并根据销售商的决策做出使自己利润最大化的决策。最后给出博弈的均衡结果，采用逆向归纳法求解这个博弈的子博弈精炼纳什均衡。首要考虑的是在给定批发价 w 的情况下，销售商的最优决策。

1. 销售商优化问题

把式（3-6）代入式（3-7）得到销售商的利润模型：

$$\prod_r^d(p) = Kp^{-\alpha}(p - w) \tag{3-14}$$

求使销售商利润最大的零售价：

$$\frac{\partial \prod_r^d(p)}{\partial p} = 0$$

求得最优零售价：

$$p^d(w) = \frac{\alpha \cdot w}{\alpha - 1} \tag{3-15}$$

把式（3-15）代入式（3-6）得到最优订单数量：

$$Q^d(w) = K\left(\frac{\alpha - 1}{\alpha w}\right)^{\alpha} \tag{3-16}$$

把式（3-15）和式（3-16）代入式（3-7）得到销售商利润：

$$\prod_r^d(w) = \frac{K}{\alpha^{\alpha}}\left(\frac{\alpha - 1}{w}\right)^{\alpha - 1} \tag{3-17}$$

2. 供应商优化问题

因为销售商的成本信息和订单需求信息是共同信息，所以供应商可以预见销售商的决策，并根据销售商的决策做出使自己利润最大化的决策。

把式（3 - 16）代入式（3 - 8）得到供应商利润：

$$\prod_s^d(w) = K(w - c)\left(\frac{\alpha - 1}{\alpha w}\right)^\alpha \qquad (3 - 18)$$

供应商设定批发价，使自己的利润最大：

$$\frac{\partial \prod_s^d(w)}{\partial w} = 0$$

求出最优批发价：

$$w^d = \frac{\alpha c}{\alpha - 1} \qquad (3 - 19)$$

分别把式（3 - 19）代入式（3 - 15）、式（3 - 16）、式（3 - 17）、式（3 - 18）和式（3 - 9）得到销售商的最优零售价：

$$p^d = \left(\frac{\alpha}{\alpha - 1}\right)^2 \cdot c \qquad (3 - 20)$$

销售商的最优订单数量：

$$Q^d = \left(\frac{\alpha - 1}{\alpha}\right)^{2\alpha} \frac{K}{c^\alpha} \qquad (3 - 21)$$

销售商的最大利润：

$$\prod_r^d = \left[\frac{(\alpha - 1)^{2\alpha - 2}}{\alpha^{2\alpha - 1}}\right] \frac{K}{c^{\alpha - 1}} \qquad (3 - 22)$$

供应商的最大利润：

$$\prod{}_{s}^{d} = \left[\frac{(\alpha - 1)^{2\alpha - 2}}{\alpha^{2\alpha}} \right] \frac{K}{c^{\alpha - 1}} \tag{3-23}$$

供应链系统利润：

$$\prod{}^{d} = \prod{}_{r}^{d} + \prod{}_{s}^{d} = \left[\frac{(2\alpha - 1)(\alpha - 1)^{2\alpha - 2}}{\alpha^{2\alpha}} \right] \frac{K}{c^{\alpha - 1}} \tag{3-24}$$

由式（3-19）、式（3-20）和式（3-21）分别得到的 w^{d}、p^{d} 和 Q^{d} 就是子博弈精炼纳什均衡结果。式（3-22）、式（3-23）和式（3-24）是在博弈均衡情况下得到的销售商最大利润 $\prod{}_{r}^{d}$，供应商最大利润 $\prod{}_{s}^{d}$ 和系统最大利润 $\prod{}^{d}$。

第五节　本章小结

本章首先通过文献分析和实证调研，按照供应链是否形成产业链功能将现有供应链分为两大类：传统松散型供应链和紧密型供应链，并据此将供应链的控制模式分为集中控制模式和分散控制模式两种，进而提出了通过契约优化，改造分散控制下的供应链契约，使其在获取最大整体收益的同时，最大化节点收益的研究方向；第二节提供了对不完全契约进行优化的依据；第三节给出了契约优化的基本假设，列举了相关参数和研究范围；第四节则研究了契约双方在信息对称、风险偏好中性且需求确定情况下的买卖协调问题。本章的结论如下。

1. 集中控制下的研究结论

（1）销售价 p^{c} 是供应商成本 c 的增函数，成本越高，销售价越高；

（2）销售商的订单数量 Q^c 是供应商成本 c 的减函数，成本越高，订单数量越小；

（3）系统最大利润 $\prod^c$ 是供应商成本 c 的减函数，成本越高，系统利润越小。

2. 分散控制下的研究结论

（1）批发价 w^d 是供应商成本 c 的增函数，成本越高，批发价越高；

（2）销售价 p^d 是供应商成本 c 的增函数，成本越高，销售价越高，而与批发价无关；

（3）销售商的订单数量 Q^d 是供应商成本 c 的减函数，成本越高，订单数量越小；

（4）销售商利润 $\prod_r^d$、供应商利润 $\prod_s^d$、系统利润 $\prod^d$ 是供应商成本 c 的减函数，成本越高，利润越小，而与批发价和销售价无关。

3. 集中控制下与分散控制下供应链契约比较

命题 3 - 1   集中控制下市场销售价比分散控制下市场销售价低，$p^c < p^d$。

证明：

由式（3 - 11）和式（3 - 20）：

$$\frac{p^c}{p^d} = \frac{\alpha - 1}{\alpha} < 1$$

得出 $p^c < p^d$。因此，集中控制下市场销售价低。

命题 3 - 2   集中控制下订单数量比分散控制下订单数量高，$Q^c > Q^d$。

证明：

由式（3 - 12）和式（3 - 21）：

$$\frac{Q^c}{Q^d} = \frac{\alpha}{\alpha - 1} > 1$$

得出 $Q^c > Q^d$。因此，集中控制下订单数量高。

命题 3 - 3 集中控制下供应链系统利润比分散控制下供应链系统利润高，$\prod^c > \prod^d$。

证明：

由式（3 - 13）和式（3 - 24）得到：

$$\frac{\prod^d}{\prod^c} = \frac{(2\alpha - 1)(\alpha - 1)^{\alpha - 1}}{\alpha^\alpha}$$

由于

$$\frac{\prod^d}{\prod^c} = \lim_{\alpha \to 1} \frac{(2\alpha - 1)(\alpha - 1)^{\alpha - 1}}{\alpha^\alpha} = 1,$$

$$\frac{\prod^d}{\prod^c} = \lim_{\alpha \to \infty} \frac{(2\alpha - 1)(\alpha - 1)^{\alpha - 1}}{\alpha^\alpha} = 0.736$$

因此，

$$\frac{\prod^d}{\prod^c} \in (0.736, 1)$$

得出：$\prod^c > \prod^d$。因此，集中控制下供应链系统利润高。

由上述分析可知，分散控制下的销售价高于集中控制下的销售价，分散控制下销售商的订单数量低于集中控制下的订单数量，分散控制下的系统利润低于集中控制下的系统利润，也就是产生了所谓的"双向边际效应"。这是由于每个供应链成员在决策时只考虑各自的边际效益，而不考虑其他成员的边际效益，致使供应链的利润下降，造成供应链的低效率。这是供应链成员之间不合作、不协调的结果。

第四章
具有信息相关性的契约模型设计

供应链契约设计分为信息对称和信息不对称两种情况。本章首先分析信息对称情况下的供应链契约设计问题，主要研究批发价格契约方面的问题。然而由于供应链是由不同的利益主体组成的，成员企业间的利己主义和投机行为使得供应链中信息不对称的情况大量存在，因此信息不对称情况下的契约研究更具有实际意义。信息不对称有很多方面，包括生产成本信息不对称、需求信息不对称、销售价格信息不对称、成本信息不对称等，本章主要研究生产成本信息不对称时的利益共享契约。

第一节　供应链共享信息概况

信息对整个供应链的运作发挥着引导和优化的作用。为了建立新型的顾客关系，更好地了解顾客和市场需求，供应链管理者采用了大量的信息管理措施来支持和发展其经营战略，从而使从供应商到顾客的整条供应链中双向的、及时的、完整的信息交流成为可能。

一 供应链的信息流

供应链的运作从表象上看主要指物流、资金流和信息流的管理。资金流的逆向流动由物流的正向流动引起，而物流调度则需要信息的支持（见图4-1）。供应链中的资金流动快捷，成本低廉，可借助成熟的金融中介实现，因此在供应链管理中一般不研究资金流的管理问题。物流涉及产品的传递和用户需求的实现，是供应链早期管理中的重要组成部分，甚至有人认为供应链管理就是物流管理的延伸和扩展。随着全球市场环境的巨变和用户需求的多样化，物流延迟、库存积压、商品短缺等问题造成的损失逐渐成为改善供应链物流管理的瓶颈。

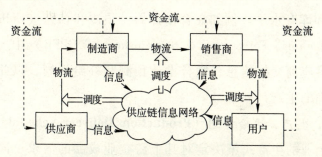

图4-1 信息流与物流、资金流

计算机和网络技术的发展，使企业通过 ERP 和 MIS 系统收集内部生产信息，从而掌握本企业的库存和成本状况。同时，可以通过企业外部网络迅速沟通，及时了解整个供应链系统的运作状况和用户需求，调整物流和生产计划，为消除供应链物流管理瓶颈、提高其管理水平奠定了基础。以低廉的成本获取较大的信息量，并且可以在供应链中快速传递，这使得管理者重新认识信息在供应链中的价值，信息被赋予了更大的意义和更高的地位。

二 供应链的共享信息

供应链信息的种类很多，一般来说，其共享信息包括以下几类。

1. 销售数据（Sales Data）

销售数据一般来源于销售终端（Point of Sale，POS）。供应链成员可以通过销售数据来分析销售趋势、顾客偏好和顾客分布等，从而决定库存水平、货架布置和新产品开发。

2. 销售预测（Sales Forecast）

通过供应链成员的共同销售预测，可以减少"牛鞭效应"和库存水平。例如在合作计划、预测和补充（Collaborative Planning, Forecasting & Replenishment, CPFR）中，销售商和供应商交换信息，联合设计预测和补给计划，以此设计更准确的生产计划。

3. 生产／运输计划（Production/Delivery Schedule）

企业的生产决策决定对其上游企业成品的需求，同时也影响对下游企业原材料的供给。供应链中的下游企业需要依据上游供应商的生产来决定自己的库存和生产情况。同样，下游企业的生产又决定了它对供应商的需求，从而影响供应商的库存和生产计划。

4. 库存水平（Inventory Level）

供应链成员之间最常用的共享数据就是库存数据。供应链上的成员各自的库存对别的成员应该是透明的，通过库存信息共享，可以降低供应链总库存水平。

5. 订单状态（Order Status for Tracking）

允许合作伙伴查询订单的执行状态，便于对延期的订单及早采取措施，保证供应链的服务水平。

6. 运输状态（Delivery Status）

利用地理信息系统（Geographic Information System, GIS）和全球定位系统（Global Point System, GPS）能够对运输物流进行动态的监控。

然而，出于商业安全和过多信息共享增加信息处理成本的考虑，供应链节点对可共享信息的种类都有一定的限制。基于此，本节将进一步整理可共享信息的种类，并简要指出各类信息的价值。

（1）顾客需求信息。供应链的不完善需求信息会导致"牛鞭效应"现象。供应链成员可以通过 POS 终端、EDI 和 Internet 等获取和共享顾客需求信息，共同预测顾客偏好、顾客分布和需求变化趋势，从而决定库存水平、产品生产计划等。通过分析顾客的需求趋势，可以推动供应链所有企业的整体技术更新或战略转向，不断开发新产品，保持供应链的整体竞争力。新产品和业务的开发需要供应链成员的合作，这也促使销售商在供应链中共享需求信息。

（2）库存信息。共享库存信息是供应链成员间最常用的协作方式之一。在传统库存管理中，供应链企业库存信息不共享，为了适应顾客需求的波动和生产、运输等过程中的不确定因素，以保证服务水平，都必须建立一定的安全库存，避免造成浪费。共享库存信息的方法有供应商管理库存（Vendor Managed Inventory, VMI）或不间断补给（Continuous Replenishment Programs, CRP）。这些协议对销售商和供应商都是有利的，销售商减轻了监视库存、采购订货的负担，享受有保障的服务；供应商由于需求预测误差大大减小，降低了安全库存水平，节约了交货时间和物流成本。

（3）物流信息。在传统供应链中，物流由供应商或者第三方物流企业管理，销售商和客户很少知道物流状态，也不知道所订货物何时到达。假如货物在物流中被耽搁，或者货物遗失，销售商只有在商品到交货期时才能知道。所以，及时了解物流信息，可以提高下游企业的决策效率，减少损失。

（4）销售预测。供应链所有企业都为了安排生产计划而做需求预测，预测的依据和模型不同，预测结果会出现差异。通过供应链成员共同预测销售趋势，可以减少"牛鞭效应"和库存水平。一般来说，越是靠近市场的销售商越了解市场情况，因而可以准确预测客户需求。他们将这些信息与上游的供应链成员共享，可以使其制订更准确的生产计划。

（5）研发信息。供应链成员企业都只专注自己的核心业务，最终产品是所有企业合作的结果。在研发新产品时，需要供应链所有成员公开研发信息。这里的信息只包含新产品的外在特性，不包含产品的具体细节或企业的核心技术。

（6）发展战略信息。企业的发展战略决定企业的发展趋势，供应链企业相互了解发展战略，选择合适的合作伙伴，有助于形成长期的合作关系。

三 供应链的信息流通障碍

供应链企业间是合作竞争的关系，每个企业都以自身的利润最大化为目标。根据波特的竞争战略理论，企业在与其他企业进行商务往来时，为了在谈判中取得优势，通常会保留某些私人信息，如产品质量、企业生产能力等。这样，供应链企业在没有激励机制的情况下，不可能进行有效的信息沟通，这种信息不对称容易导致供应链的低效。

虽然信息共享能够解决供应链运作中的许多问题，提高供应链的整体绩效，实现上下游企业的"双赢"，但是传统供应链的问题在于供应链中的各成员不愿意与他人分享自己的私有信息，主要原因包括以下几方面。

（1）信息共享需要成本。信息的采集、传输和处理都要耗费一定的人力、时间和资金，建设 EDI、电子商务、POS 终端等需要较大的投资。在硬件方面，虽然普通 PC 机价格仅在 5000 元左右，但是高档服务器的价格通常是数万元。在软件方面，目前常用的数据库管理系统（DBMS）Oracle 9i 和 SQL Server 2000 的报价以数万元计，购买 ERP 或者 MRP II 系统的投资也以数十万元记。庞大的基础投资是供应链节点实施信息共享技术时主要的障碍之一。另外，由于普及无纸化办公，企业员工需要进行不断的培训，这增大了企业人力资源的成本。

（2）信息共享会带来组织结构的调整。实施信息共享时，企业内部必须建立信息管理系统来收集本企业内部的信息，这必然导致企业组织的调整。部分原来由手工编制的表格和计算工作，都由计算机代替，相应的工作人员将会被裁减。组织结构的更新会冲击企业的管理工作，影响企业经营的稳定，这也是管理人员需要考虑的问题。

（3）共享信息带来的额外利润在供应链中分配不均。信息主要来源于下游企业，而利润的增加主要体现在上游企业。信息共享的价值主要是针对供应链整体利益而言的，但是系统最优不能保证所有企业都是最优，个别企业的利润甚至可能下降。各个企业都有自己的利益，如果整体利润的增加不能合理分配到各成员企业，那么必然造成部分企业的抵制，甚至由此破坏供应链节点的合作关系。

（4）各企业担心合作伙伴滥用信息而占有额外利润，因此有意隐藏自己的成本、产量、采购价格等信息，以保持信息优势。受传统供应链结构的限制，内部委托－代理的契约关系中缺乏有效的激励与监督机制，以保证代理人的决策最大化符合委托人的利益目标。如何掌握信息共享的尺度、限制信息的容量，也是企业在信息共享时需要顾及的问题。过度的信息共享可能会泄露企业的商业秘密，进而造成企业的巨大损失。

（5）下游企业向上游企业提供自己的私有信息会增加上游企业在供应链内部的权威，使下游企业在谈判中处于不利地位而失去获利优势。处于信息优势的一方在契约制定过程中有较大的主动权，可以压低订货价格或抬高供货价格，这会损害信息共享企业的利益。

（6）供应链是动态的组织结构，环境的变化有可能破坏企业间的合作伙伴关系。一旦供应链解体，企业 B 过去获取的企业 A 的信息可能会使企业 A 在以后的市场中丧失竞争优势。

在分散决策的供应链中，企业利益的冲突在一定程度上限定了信息共享的实施。

四　信息共享的供应链契约研究

在研究共享信息价值的过程中，学者们发现虽然实施信息共享能够提高供应链的整体绩效，降低总成本，但是新增利润的分配问题并没有解决。Lee 等（2000）[121]在量化需求信息价值时就指出，销售商并没有从信息共享中直接获益。如果没有适当的利益协调机制，就可能发生收益和投入不成比例的情况，部分成员企业不愿意参与信息共享。因此，需要一种激励机制来促使各方达成"双赢"，使分散决策的结果向集中决策时的全局最优化结果靠近。目前，这种激励机制大多是通过上下游企业之间的契约实现的，根据具体情况不同，契约的形式有较大差别。

Tsay 等（1999）[122]研究了在需求不确定情况下的一种弹性订货契约，销售商向供应商提供一个预测计划，并保证必须购买一定比例的产品，供应商也必须保证供应一定比例的产品。在一定条件下，这种契约可以分配需求不确定的成本，销售商也会愿意向供应商提供比较可靠的市场需求信息。

Cachon 等（2001）[123]研究了使用两阶段柔性订货契约来激励销售商努力预测市场需求。在订货过程中，销售商先向供应商提供其初始需求预测，然后可以根据市场需求情况及时调整自己的原始订货。文中分析了销售商和供应商之间的博弈关系，并研究了让供应链共享可信需求预测的契约。

Taylor（2002）[124]研究了使用回扣渠道来激励销售商提高市场需求预测的精度。文中讨论了两种契约形式：线性回扣方式和目标回扣方式，发现如果需求受到销售努力的影响，目标回扣和返销契约便能够促成协调和双赢。罗定提等（2001）[125]研究了在由一个供应商和两个销售商组成的二级供应链中，供应商使用旁支付策略对销售商的激励作用。

马新安（2001）[126]以一个两阶段的多任务委托－代理模型来研究供应链中的核心企业对其他供应商进行供应活动和信息共享活动的最优激励问题，并用它来解释供应链中合作伙伴关系的持续改善过程。结果表明：供应商努力成本的边际替代率在信息共享及正常供应活动的激励中起着关键性的作用。

Feldmann 等（2003）[127]分析了如何建立激励机制以获取真实、可靠信息的问题。文中假定在信息共享过程中会出现投机行为，并伴有不完全和虚假信息出现，给出了一个激励方案，表明提供真实信息的倾向是可以建立的，并且从长远看，这种倾向是能够得到赞同的。

除以上几个主要的研究方面外，还有少数文献分别研究信息共享中的最优委托权安排问题（王勇等，2003）[128]、信息共享的最优范围问题（常志平等，2003）[129]等，这些文献丰富了供应链中信息共享的研究。

第二节　共享信息契约模型分析

根据对市场需求函数特征的认定，供应链契约可以分为基于确定需求的最优订货量模型和基于随机需求的报童模型。后者特别适用于需求不确定、销售期短、订货提前期长的短生命周期产品的研究，比如绝大部分的农产品、水产品等。本章的研究重点则是基于随机需求的报童模型，具体包括信息对称条件下的批发价格契约模型和生产信息不对称条件下的利益共享契约模型，本节将研究信息对称条件下的批发价格契约模型。

一　研究假设

所谓信息对称供应链契约模型，是指利用博弈论、运筹学、最优控制理论等原理和模型，基于供应链成员间的物流、资金流，在一定的信息充分共享的结构下对各成员的决策激励进行均衡，从而达到各成员的个体理性与供应链整体优化相一致的一种激励机制。在这种信息结构下，供应链成员各自的私有信息（包括成本、市场需求、零售价格等信息）对所有成员都是共同知识。

为了模型研究的方便，本书限定了供应链契约的研究范围。假定在一个典型二级供应链中，以供应商为主导，销售商为跟随者，两者都符合风险偏好中性，属于理性决策者，双方都根据利润最大化原则进行决策；产品市场是开放的，产品的时令性强、订货周期长，市场销售价格、需求和库存成本等信息是对称的；销售商面临的是随机市场，在销售季节前根据契约提供订购量，这时存在两种可能发生的成本，即实际需求大于订购量时的缺货成本和实际需求低于订购量时的库存成本；销售商因为缺货将会遭受一定的损失，其单位缺货费用 g 表示，缺货成本和库存成本的承担者有多种可能；供应商与销售商分别在两阶段对批发价格和零售价格拥有绝对的控制权，价格是外生的；需求量作为一个随机变量，主要受到销售价格的影响；由于商品的季节性，商品存在生产成本、批发价格、处理品价格和零售价格等多种价格并逐次递增；在信息对称条件下的批发价格契约中，供应商制定契约主要参数，销售商根据供应商所提供的参数，采用利润最大化原则订购产品。

二 模型参数

考虑一个简单的二级供应链，供应商和销售商按下列顺序进行各自的行动。

（1）供应商作为领导者，首先提供一个符合该供应链特点的契约，销售商对该供应链契约有接受和拒绝两种选择自由。

（2）销售商对供应商的行为做出反应，若拒绝该契约，则博弈终止；若接受，销售商会向供应商提交其订货量 Q。

（3）供应商在消费季节来临前把产品生产出来并移交给销售商。

（4）实际消费需求发生，供应商和销售商之间按照先前契约上的规定进行费用转移支付。

根据需要，在上一章契约参数的基础上添加模型符号如下。

x——市场需求量，与上一章不同，并不是确定性需求，而是随机需求，且分布函数为已知；

g——单位产品的缺货成本；

h——单位产品的库存成本；

v——未售出产品的残值；

Q^x——某种契约机制下的最优订购量；

$S(Q)$——期望销售量；

$I(Q)$——期望库存量；

$L(Q)$——期望缺货量；

$\Pi_s^x(Q)$——契约优化后的供应商收益函数。x 代表某种契约机制，在本书中以具体契约机制代替，下文的 x 含义一致；

$\Pi_s^x(Q)$——某种契约机制下的销售商收益函数;

$\Pi_r^x(Q)$——某种契约机制下的供应链收益函数,即

$$\Pi^x(Q) = \Pi_s^x(Q) + \Pi_r^x(Q)$$

假设产品的市场需求量 $x \geqslant 0$,需求分布函数和需求密度函数分别为 $F(x)$ 和 $f(x)$。其中 $F(x)$ 可微、单调递减,且 $F(0) = 0, \overline{F}(x) = 1 - F(x), \mu = E(x) = \int_0^{+\infty} xf(x)\,dx$ 为市场需求的期望值,则期望销售量、期望库存量和期望缺货量分别表示为:

$$S(Q) = E\min(Q,x) = Q[1 - F(Q)] + \int_0^Q xf(x)\,dx = Q - \int_0^Q F(x)\,dx$$

$$(4-1)$$

$$I(Q) = \int_0^Q (Q - x)f(x)\,dx \qquad (4-2)$$

$$L(Q) = \int_Q^{+\infty} (x - Q)f(x)\,dx \qquad (4-3)$$

三 契约分析

与上一章采用的契约优化的研究步骤相同,我们首先分析集中控制下的供应链整体收益情况和订购量,然后分析分散控制下的供应链整体收益和订购情况,在对两者进行比较的基础上,提出契约优化方案,使得分散控制下的供应链整体收益和订购量朝集中控制下的供应链方向改进。

(一) 集中控制下契约分析

本书考虑的库存成本 h,其隐含假设就是产品卖不出去,并且产品无法回收。所以,有库存成本的情况下,本书就不考虑产品具有残值 v。集中控制模式下的供应链整体收益计算公式为:

$$\prod^c(Q) = p \times S(Q) - h \times I(Q) - g \times L(Q) - c \times Q \qquad (4-4)$$

正常情况下，假定 $\prod^c(Q) > 0$。因为 D 的概率分布函数是严格增加的，根据凹函数二阶判定条件可知 $\prod^c(Q)$ 是严格凹函数，则 $\prod^c(Q)$ 函数的极大值 Q^c 是唯一的。根据式（4-4）可得集中控制下最优订货量 Q^c，计算过程如下：

$$\frac{d\prod^c(Q)}{dQ} = p \times S'(Q) - h \times I'(Q) - g \times L'(Q) - c$$
$$= p \times [1 - F(Q)] - h \times F(Q) - g \times [F(Q) - 1] - c$$
$$= p + g - c - F(Q)(p + h + g) = 0$$

则易知：$Q^c = F^{-1}[(p+g-c) / (p+g+h)]$ $\qquad (4-5)$

将式（4-5）代入式（4-4），可得集中控制下供应链整体收益值。

（二）分散控制下契约分析

与集中控制下供应链整体收益的计算有所不同，在分散控制情况下，供应链成员企业间仅通过批发价契约形式完成产品交易活动，批发价契约机制下的博弈顺序如下：首先由供应商向销售商提供产品的单位价格 w；其次是销售商根据批发价 w 决定自己的最优订购数量，供应商可以预测销售商的订购量，并据此进行生产。在批发价契约中，供应商不承担销售商处因缺货或滞销所产生的任何成本。没有销售出去的商品如果具有一定的残值 v，那么本章将不再考虑其产生的库存成本。下面首先分析销售商，然后讨论供应商的问题。

1. 销售商收益分析

首先考虑具有残值的情况。设 $\prod_r^d(q)$ 是销售商关于订货

量 Q 的收益函数，v 是销售期末未售出商品的净残值，g 是销售季节中未能满足顾客需求时销售商的损失，供应商的边际成本为 c，并以批发价 w 卖给销售商，销售商则按零售价 p 卖给最终消费者。销售商为了应付不确定的消费需求，在消费季节来临前会提前向供应商订货，在报童模型中，销售商的收益函数可表示为：

$$\prod_r^d(Q) = \begin{cases} (p-w) \times Q - g(x-Q) & x \geqslant Q \\ px + v(Q-x) - wQ & x < Q \end{cases} \tag{4-6}$$

销售商的期望收益函数可表示为：

$$E\prod_r^d(Q) = \int_0^Q (px + vQ - vx - wQ)f(x)\,dx +$$

$$\int_Q^{+\infty} (pQ - wQ - gx + gQ)f(x)\,dx$$

$$= p \times S(Q) + v \times I(Q) - g \times L(Q) - w \times Q \tag{4-7}$$

其中，$E\prod_r^d(Q)$ 是关于 Q 的凹函数，由优化的必要条件 $\dfrac{dE\prod_r^d(Q)}{dQ} = 0$ 可得到销售商的最佳订货量 Q_r^d，Q_r^d 满足下式：

$$Q_r^d = F^{-1}\left(\frac{p+g-w}{p+g-v}\right) \tag{4-8}$$

也就是说，在分散控制的供应链下，销售商应该按式 (4-8) 确定的最佳订购量进行订货。

如果不考虑残值，但是把销售商的库存成本计算在内，则销售商的收益函数为：

$$\prod_r^d(Q) = p \times S(Q) - h \times I(Q) - g \times L(Q) - w \times Q \tag{4-9}$$

采用与上述集中控制模式相同的分析过程，可知仅当批发价 w 小于销售价格 p 时，式（4-9）为凹函数，并得到批发价契约形式下的销售商最优订购数量 Q_r^d 为：

$$Q_r^d = F^{-1}\left(\frac{p+g-w}{p+g+h}\right) \qquad (4-10)$$

可以看出，Q_r^d 是批发价 w 的减函数。

2. 供应商收益分析

相对于销售商，供应商不必考虑产品是否具有残值，而只要考虑产品的库存成本和缺货成本。作为契约设计博弈过程中的领导者，供应商可以预测到销售商将会根据批发价并利用式（4-10）确定自己的优化订购数量。因此，供应商的收益函数计算式为：

$$\prod{}_s^d(w) = (w-c)F^{-1}\left(\frac{p+g-w}{p+g+h}\right) \qquad (4-11)$$

根据式（4-11）可以得到以下结论。

（1）根据前面假设不能判断 $\prod{}_s^d(w)$ 是否为凹函数，其可能有多个极值点或没有极值点，因此无法通过该函数的一阶条件直接求解供应商的最优批发价。

（2）批发价契约下，供应商的收益是确定的。它能够确切推断出销售商在每种批发价下的订购数量，并且不需要承担销售商的库存成本和缺货成本，所有不确定性因素所造成的收益影响都被转嫁到了销售商身上。

（三）两种状态下的契约比较分析

记 $\dfrac{\prod{}^d(Q)}{\prod{}^c(Q)}$ 为供应链效率。因为在分散控制下，买卖双方都有各自的激励目标和私有信息，如果不进行协调，尽管某

些成员实现了局部最优，却无法达到系统最优，即意味着
$\frac{\Pi^d(Q)}{\Pi^c(Q)} < 1$。在契约协调机制作用下，当$\frac{\Pi^d(Q)}{\Pi^c(Q)} = 1$时，称
为供应链实现了协调，简称供应链帕累托最优；而尽管供应
链各成员均得到改善，但$\frac{\Pi^d(Q)}{\Pi^c(Q)}$仍然小于1，表示供应链处
于低效率优化运作状态，简称供应链帕累托改善。供应链契约
设计的研究目的就是探寻改善供应链的整体绩效，使$\Pi^d(Q)$
尽量接近或等于$\Pi^c(Q)$。

在批发价契约下，通过比较Q^c和Q^d可以发现，只有当
批发价w等于供应商的成本c时，供应链的整体收益才等于
集中控制下的集成供应链收益水平。但由式（4-10）可知，
此时供应商的收益等于0。由于销售商和供应商属于不同的
利益主体，供应商为了实现赢利，其批发价w必定高于其成
本c，最终出现$Q^d < Q^c$，造成整个供应链的订购量偏低（与
集中控制模式下的供应链库存相比），批发价契约下的供应
链整体收益低于集中控制模式下的收益水平。

第三节　供应链信息不对称机理

上一节分析了信息对称下的契约协调机制问题。但在现
实情况中，由于供应链成员关系复杂，并且地理位置分散，
企业间信息结构完全共享几乎是不可能的，这是因为在很多
情况下，供应链中的某些成员相对于其他成员而言，由于多
种原因使得自己对一些信息的了解更准确、更丰富，客观上
造成了事实上的信息私有。另外，由于供应链是由不同的利

益主体组成的，成员企业间的利己主义和投机行为，主观上使得供应链中存在大量的私有信息，因此私有信息下的契约研究更具有实际意义。

一 信息不对称

在信息经济学中，信息不对称是指交易各方拥有的信息不对等、不相同，一方拥有另一方所没有的信息。拥有信息的一方称为代理方，缺乏信息的一方称为委托方。供应链的各个环节的信息不对称由两个因素造成：一是信息传递结构上的不对称；二是信息传递途径上的不对称。

1. 信息传递结构上的不对称

我们假设供应链上有一家供应商和一家制造商。由于供应链的各个环节的企业都是独立的利益主体，相互之间缺乏信任，那么在委托－代理关系中，就会引起两种代理问题。一是逆向选择。就是制造商委托人在选择供应商代理人时，供应商掌握了一些制造商所不知道的信息，而这些信息对制造商来说可能是不利的，供应商因此与制造商签订了对自己有利的契约，致使制造商受到损害，这种信息不对称的决策导致了"逆向选择"——制造商误选了不适合自身实际情况的供应商。二是败德行为。假设供应商与制造商在签订契约时各自拥有的信息是对称的，但签订契约后，制造商无法观察到供应商的某些行为。在这种情况下，供应商在有契约保障之后，可能采取不利于制造商的一些行为，进而损害制造商的利益，表现在供应商供货的推后或者产品质量的降低上。这种隐藏行为导致了"败德行为"——供应商降低了服务水准，增加了制造商的潜在费用。

典型的例子是：代理商（或分销商）向制造商发出订单时，如果市场供应是有限的且不能满足所有需求，那么代理商可能选择发出一个虚假的订单（大于代理商实际需求），期望按照满足比例能获得比较高的现货。这种决策选择的结果是整个市场的总体需求被迅速夸大，最终可能导致制造商对市场的未来需求预测被剧烈放大。

供应链的各个企业是独立的个体，存在各自的利益目标。供应链上参与者的利益目标和供应链最优化决策往往是互相制约和影响的，最终导致代理方在传递信息时按照自己最优而委托方次优的标准进行选择。由于供应链中环节的增多，委托－代理关系层次随之递增，次优选择被多次重复，因此"牛鞭效应"就随着供应链长度的增加而逐渐向上放大。

2. 信息传递途径上的不对称

供应链的合作企业之间的资源传递是通过信息流进行沟通的，信息流的通畅是供应链管理中物流和资金流正常运作的基础。如果供应链中各参与者间信息传递不及时或信息传递不准确、不完整，将会在供应链的各个环节间造成信息的扭曲，从而导致"牛鞭效应"。

不对称信息下的契约模型通常包含以下三类：事前的隐藏信息模型、事后的隐藏信息模型和事后的隐藏行动模型。到目前为止，信息不对称情况下的供应链契约设计主要涵盖第一类模型的研究，采用的分析方法是信息经济学中的委托－代理理论。基于委托－代理理论的信息不对称供应链契约模型细分为信号传递模型与信号甄别模型。

在信号传递模型中，代理方占有私有信息，委托方不

知道代理方信息的具体类型。代理方首先行动，选择一定
的信号显示机制，使委托方相信自己所宣称的信息类型是
真实的、可信的。在前文提到的制造商向供应商显示自己
对未来的市场需求信息的例子中，制造商就必须设计一定
的激励机制，以使供应商相信契约中的需求预测信息是真
实的，并保证其按照该预测信息进行生产能力投资建设将
获得最大收益。如本节需求信息不对称情况下的供应链契
约研究，其中销售商为代理方，供应商为委托方，由销售
商设计提供契约，在契约中考虑激励机制，以此证明自己
提供的需求信息可靠无误。

而在信号甄别模型中，委托方首先行动，其必须通过设
计一定的信号甄别机制，使代理方真实申报自己的信息类型。
例如，在由制造商和销售商组成的供应链系统中，系统最优
的订购批量与销售商的库存成本有关，如果销售商的库存成
本为销售商的私有信息，则制造商在确定订购批量时，就必
须设计某种信息甄别机制，使得销售商真实地报告自己的库
存成本信息。这就要求信息甄别机制使销售商只有在真实申
报自己的私有成本信息的前提下才能获得最大收益。信息甄
别机制的关键是如何保证销售商与自己的利益目标一致。本
节在生产成本信息不对称情况下的供应链契约研究就属于信
息甄别机制的研究范畴。其中销售商为委托方，供应商为代
理方，由销售商设计提供契约，在契约中考虑激励机制，促
使供应商提供真实的生产成本信息。

二 委托－代理机制

信息经济学主要研究在信息不对称情况下的机制设计问

题，而委托－代理理论则是其主要的研究工具。委托－代理理论试图解决如下问题：委托方想使代理方按照自身的利益选择最优行动，但委托方却无法直接观测到代理方选择的具体行动类型，能观测到的只是另外一些变量，这些变量由代理方和其他随机因素共同决定。委托方的问题是如何根据观测的这些变量信息奖惩代理方，以激励代理方选择对己方最有利的行动。

委托－代理关系的实质是居于信息优势与处于信息劣势的成员企业间的相互博弈过程。从经济学的角度来讲，凡是市场参与者双方所掌握的信息不对称，这种经济关系就可以被认为是委托－代理关系。实际上这种信息的不对称是相对的，以核心企业为例，它在发现市场机遇及实现机遇方面具有信息的优势，这是它成为供应链中主导企业的先决条件之一。在委托－代理理论中，将不对称信息定义为某些参与者拥有而其他参与者无法了解的信息。

假设 A 表示代理方所有可能选择的行动的集合，$a \in A$ 表示代理方的一个特定行动，如本书中的订购数量 Q、销售价格 p 等。令 θ 表示不受代理方和委托方控制的外生随机变量，θ 的分布函数和密度函数分别为 $G(\theta)$ 和 $g(\theta)$。在代理方选择一个行动 a 后，随机变量 θ 实现，a 和 θ 共同决定一个可观测的结果 $x(a, \theta)$ 和一个收益 $\Pi(a, \theta)$。$\Pi(a, \theta)$ 是 a 的严格递增的凹函数（即给定 θ，代理方工作越努力，收益越高，但努力的边际收益率递减）。因此，在信息不对称情况下的供应链契约设计就是委托方设计一个激励契约 $s(x)$，使得供应链其他成员企业愿意与其合作，并按照核心企业利益最大化的方向选择其行动。

假定委托方和代理方的期望收益函数分别为 $v[\prod - s(x)]$ 和 $u[s(x) - c]$，二者都是风险中性的，c 代表代理方的努力活动所产生的成本。则委托方的期望收益函数可以表示为：

$$\int \{v[\prod(a,\theta)] - s[x(a,\theta)]\} g(\theta) d\theta \qquad (4-12)$$

委托方的问题就是选择 a 和 $s(x)$，使得上述期望收益最大。然而，委托方必须满足来自代理方的两个约束。

1. 参与约束，也称个体理性约束（Individual Rationality, IR）

即代理方如果接受委托方提供的契约，所取得的期望收益不小于其拒绝接受契约所获得的最低期望收益。最低收益由代理方面临的其他市场机会决定，通常称为保留收益或机会成本，表示为 $\prod_{\min}$。参与约束可用下式表示：

$$\int u\{s[x(a,\theta)]\} g(\theta) d\theta - c(a) \geqslant \prod_{\min} \qquad (4-13)$$

2. 激励相容约束（Incentive Compatibility, IC）

表示委托方在不知道代理方类型的前提下，代理方在委托方所设计的契约协调机制下，必须有积极性选择委托方所希望其选择的行动。也就是说，如果 a 是委托方所希望的行动，a' 为代理方可选择的任何行动。那么，只有当代理方从选择 a 中得到的期望收益大于从选择 a' 所得到的期望收益时，代理方才可能选择 a，激励相容约束可用下式表示：

$$\int u\{s[x(a,\theta)]\} g(\theta) d\theta - c(a) \geqslant$$
$$\int u\{s[x(a',\theta)]\} g(\theta) d\theta - c(a') \qquad (4-14)$$

根据以上分析，综合起来，基于委托－代理理论的不对称信息的供应链契约设计研究问题可表示为在满足约束 IR 和 IC 的前提下，选择 a 和 $s(x)$ 使得函数 p 的值最大。即求解如下优化问题：

$$\max \int v \left\{ \prod(a,\theta) - s[x(a,\theta)] \right\} g(\theta) d\theta$$

$$s.t. \quad (IR) \quad \int u\{s[x(a,\theta)]\} g(\theta) d\theta - c(a) \geqslant \prod_{\min}$$

$$(IC) \quad \int u\{s[x(a,\theta)]\} g(\theta) d\theta - c(a) \geqslant$$
$$\int u\{s[x(a',\theta)]\} g(\theta) d\theta - c(a') \tag{4-15}$$

第四节　信息不对称契约模型分析

根据上一节给出的委托－代理理论，本节以供应商的生产成本信息不对称作为研究对象，销售商作为契约的制定者，采用利润分享契约机制讨论信息不对称情况下的契约设计问题。面对生产信息的不对称，契约设计的关键是销售商采用何种信息甄别机制，使得供应商自动提供真实的生产成本信息。

一　模型假设

考虑下面这种情况：在一个由供应商和销售商组成的二级供应链中，供应商为销售商供应某种产品。当销售季节来临之前，销售商根据供应商的生产成本及市场需求预测信息，计算出自己的最优订购数量，并按照其成本价格支付货款。等销售季节结束后，销售商再将一定比例的整个供应链的收益收入支付给供应商。利润分享契约主要包含了三部分内容：①供应商的批发价等于其生产成本；②销售商的产品订购数量 $Q_x^r(c)$；③销售商支付给供应商的收益分配比例 $\Phi(c)$。

供应商只有接受或拒绝契约的权利，而不能修改契约。供应商接受契约的最低收益水平为 $\prod_s^{\min}(c)$。即当契约给供应商带来的收益不低于 $\prod_s^{\min}(c)$ 时，供应商才会接受契约，否则拒绝。并假定 $\prod_s^{\min}(c)$ 是生产成本 c 的减函数，即 $\dfrac{\partial \prod_s^{\min}(c)}{\partial c} \leq 0$。模型中的利益共享契约下的供应链的整体收益用 $\prod^x$ 表示，且此处为研究方便，规定产品的单位库存成本 h 和单位缺货成本 g 都为 0。

二　契约设计

（1）如果销售商知道其上游供应商的生产成本，那么当供应商的批发价等于其生产成本时，根据第三章的知识可知，此时销售商的最优订购数量等于集中控制模式下的最优订购数量。

$$Q_r^x = Q_r^c = F^{-1}\left[(p+g-c)/(p+g+h)\right]$$

由于假定 $h=0$，$g=0$，则在利益共享契约的供应链中，销售商最优订购量为：

$$Q_r^x = F^{-1}\left[(p-c)/p\right]$$

确定了最优订购数量后，下面分析收益分配比例 $\phi(c)$。

对于销售商来讲，其面临的问题可归结为求解如下优化问题。

$$\max_{\phi}(1-\phi) \times \prod{}^{x}$$

$$s.\,t.\,\phi \times \prod{}^{x} \geqslant \prod_{s}^{\min}(c),\, 0 \leqslant \phi \leqslant 1 \qquad (4-16)$$

显然销售商的最优解为：

$$\phi^{x} = \frac{\prod_{s}^{\min}(c)}{\prod{}^{x}}$$

可见，在销售商了解供应商生产成本 c 的情况下，销售商可通过利润分享契约 (Q_{r}^{x}, ϕ^{x}) 实现自身收益最大化的同时达到供应链协调状态。其中，

$$Q_{r}^{x} = F^{-1}\big[(p-c)/p\big]$$

$$\phi^{x} = \frac{\prod_{s}^{\min}(c)}{\prod{}^{x}}$$

（2）如果供应链中销售商并不清楚供应商的生产成本，仅知道 c 在区间 $[C_{l},\, C_{h}]$ 服从均匀分布，其概率分布函数和密度函数分别为 $G(c)$、$g(c)$，而只有供应商准确了解自己的生产成本 c，因为供应商接受契约的最低收益水平 $\prod_{s}^{\min}(c)$ 是生产成本 c 的减函数，所以在信息不对称的情况下，供应商有可能隐瞒自己的真实生产成本，以图获得额外收入，但同时会损害整个供应链和销售商的利益。所以销售商不能仅提供一个确定的利润分享契约给供应商，而是必须设计一组契约，或称为契约菜单提供给供应商来进行选择。供应商根据提供的利润分享契约菜单，真实报告自己的生产成本 c 的信息，然后销售商根据供应商报告的 c，确定使自身利益最大

化的订购数量 Q_r^x 及收入分配比例 $\Phi^x(c)$。因此，不对称信息下的利润分享契约菜单主要解决的问题就是如何诱使供应商对号入座，真实地宣布自己的生产成本信息。用 $\prod_s^x(c'\mid c)$ 表示供应商真实成本是 c 而申报值是 c' 时的供应商收益函数。当 $c = c'$ 时，$\prod_s^x(c'\mid c)$ 简写为 $\prod_s^x(c)$。$\prod_s^x(c'\mid c)$ 计算公式为：

$$\prod_s^x(c'\mid c) = \prod_s^x(c') + (c' - c)Q_r^x(c') \tag{4-17}$$

这样，生产成本信息不对称下的利润分享契约设计问题可归结为求解以下优化模型：

$$\max \int_{c_l}^{c_h}[1 - \phi(c)] \times \prod{}^x[Q_r^x(c),c] \times g(c)dc$$

$$s.t. \quad \phi(c) \times \prod{}^x[Q_r^x(c),c] \geq \prod_s^{\min}(c)$$

$$\phi(c) \times \prod{}^x[Q_r^x(c),c] \geq \phi(c') \times \prod{}^x[Q_r^x(c'),c'] + Q_r^x(c') \times (c' - c)$$

$$\tag{4-18}$$

其中，$Q_r^x(c\mid c') \geq 0, 0 \leq \phi(c\mid c') \leq 1, c\mid c' \in [c_l, c_h]$。

第一个约束为供应商的参与约束（也称 IR 约束），保证供应商的收益不低于其最低收益水平；第二个约束为供应商的激励一致性约束（也称 IC 约束），保证供应商说真话，即如果申报值 c' 不等于其真实生产成本 c 时，供应商的收益水平将下降。

为使供应商最低收益水平函数满足减函数的要求，本书构造供应商最低收益水平函数如下：

$$\prod_s^{\min}(c) = \prod_s^{\min}(c_l) + \int_c^{c_h}Q_r^x(t) \times g(t)dt \tag{4-19}$$

式中，$c' \in [c_l, c_h]$，则利润分享契约菜单 $\{Q^*(c),\phi^*(c)\}$ 为上述优化方程的一个解，其中：

$$Q^*(c) = F^{-1}(\frac{p-c}{p})$$

$$\phi^*(c) = \frac{\prod_s^{min}(c)}{\prod^x[Q^*(c),c]}$$

证明：

（1）正常情况下，供应商的最低收益水平不高于整个供应链的收益，即

$$\prod_s^{min}(c) \leqslant \prod^x[Q^*(c),c]$$

则基本约束方程 $0 \leqslant \phi(c \mid c') \leqslant 1$ 得到满足。

（2）将上述契约参数表达式代入优化模型的参与约束，得：

$$\phi^*(c) \times \prod^x[Q^*(c),c] = \prod_s^{min}(c)$$

则参与约束得到满足。

（3）因为供应商最低收益水平是 c 的减函数，所以此处假定供应商为了获得额外的收益，虚报自己的生产成本，且满足 $c' \leqslant c$。根据上述契约参数表达式，激励相容约束相应地可转变为：

$$\prod_s^{min}(c) \geqslant \prod_s^{min}(c') + Q^*(c') \times (c' - c)$$

又因为：

$$\prod_s^{min}(c) - \prod_s^{min}(c') = \prod_s^{min}(c_l) + \int_c^{c_h} Q_r^x(t) \times g(t)dt - \prod_s^{min}(c_l) +$$

$$\int_{c'}^{c_h} Q_r^x(t) \times g(t)dt$$

$$= \int_c^{c_h} Q_r^x(t) \times g(t)dt - \int_{c'}^{c_h} Q_r^x(t) \times g(t)dt$$

$$= -\int_{c'}^{c_h} Q_r^x(t) \times g(t)dt$$

要证明 $\left[\prod_s^{min}(c) - \prod_s^{min}(c') \right] \geqslant Q^*(c') \times (c'-c)$，就必须证明 $-\int_{c'}^c Q_r^x(t) \times g(t)dt \geqslant -\int_{c'}^c Q^*(c')dt$，又因为 $Q_r^x(t) \times g(t) \geqslant 0, Q^*(c') \geqslant 0$，则只需证明 $Q_r^x(t) \times g(t) < Q^*(c')$ 即可，左式显然成立，证毕。

第五节　本章小结

本章总体上从两个角度考虑契约设计问题，前两节针对供应链信息共享比较充分的情况，研究了批发价格契约在分散控制和集中控制下的收益差异，指出只有当批发价 w 等于供应商的成本 c 时，供应链的整体收益才等于集中控制下的集成供应链收益水平。但此时供应商的收益等于 0，所以分散控制下的供应链整体收益必然低于集中控制下的收益水平。本章后两节主要分析了基于委托－代理模型的供应链信息不对称情况下的利益共享模型，指出销售商可以采用契约菜单的形式使得供应商自动提供真实的生产成本信息。

第五章
具有偏好相关性的契约模型设计

在供应链契约设计中考虑契约方具有差异的风险偏好，是供应链契约研究的新趋势。通过引入契约方风险态度因素，可以提高契约设计的质量。本章借鉴一般供应链契约研究成果，从由一个供应商和一个销售商构成的二元供应链入手，以供应商风险中性为前提，分别探讨销售商为风险中性和风险规避的回购契约模型，从而为农产品供应链契约优化提供理论基础。

第一节　风险偏好概述

在供应链中，相同的风险或者类似的信息不对称带来的投机行为对供应链造成的影响并不一定相同。有的供应链可能不会受到影响，或者受影响的程度比较低，依然能够保持供应链的正常进行；有的供应链有可能会受到比较严重的影响，成员逃避风险、投机等不道德行为将会损害供应链的利益，严重时会导致供应链的失败。同样，在现有的供应链契约设计中，一个基本的假设前提就是供应链契约方为风险中性。然而在现实中，并非所有供应链节点都是风险中性的。对风险的态度不同，在签署契约时，对风险承担比例的合理性就会有不同的看法。风险规避的一方会要求承担较低的风险，风险偏好的一方则愿意承担较大的风险。如果在契约设计中没有考虑风险偏好的影响，那么对于供应链契约的履行将会产生不利的影响，这是由供应链的成员在不确定环境下的风险态度决定的。

供应链成员的风险态度是指，供应链成员在面对未来可能出现的风险或者由信息不对称带来的投机机会等不确定性因素的时候，会有不同的反应，采取不同的行动选择。风险伴随着收益，风险与收益总是相辅相成的。成员在获取预期收益的同时，将会承担一定的风险。并且，随着预期收益的增加，成员承担的风险也会相应提高。成员在承担风险的同时，也会取得相应的风险收益，随着成员承担风险的不断提高，成员所取得的风险收益也会相应增加。不同风险态度的成员对预期收益和预期风险有着不同的偏好，他们对预期风险收益与预期风险损失有着不同的理解，因此对于风险带来的收益有着不同的预期。一般来说，供应链成员的风险态度可以分为三种：风险规避、风险中性和风险偏好。

假设成员的收益 w 为连续型随机变量，其效用函数为：

$$E[U(w)] = \int_{-\infty}^{+\infty} wdf(w) \qquad (5-1)$$

其中，$E[U(w)]$ 表示供应链成员的收益期望效用，$f(w)$ 为收益 w 的分布函数。令 $U[E(w)]$ 表示成员的期望收益，对于不同风险态度的供应链成员而言，其行动选择特征如下。

1. 风险规避

$U[E(w)] > E[U(w)]$风险规避的效用函数是凹函数（见图 5 − 1）。

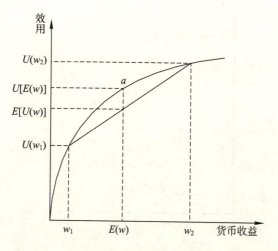

图 5 − 1　风险规避

风险规避表明经济代理人对于风险的个人偏好状态，其效用随着货币收益的增加而增加，但增加率递减。具体分析，无论人们对风险承担者的概念做何种理解，我们都可以肯定地认为，获取随机收益 w 比获取确定收益 $w = E(w)$ 所承担的风险要大得多。如果某个供应链成员总是宁愿获取 $w = E(w)$ 的收益〔相应获得 $U[E(w)]$ 的效用〕而不愿意承担风险获取风险收益 w〔相应获得 $E[U(w)]$ 的预期效用〕，那么，我们就称这个供应链成员为风险规避者。也就是说，当面临多种同样货币预期值的投机方式时，风险规避者将选择具有较大确定性而不是较小确定结果的投机方式。该风险类型的成员在行动选择上较为保守，为了降低预期风险，宁愿接受较低的收益水平，以避免遭受更多的损失。

2. 风险偏好

$U[E(w)] < E[U(w)]$风险偏好的效用函数是凸函数（见图5-2）。

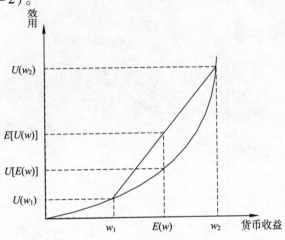

图5-2　风险偏好

效用随着货币收益的增加而增加，但增加率递增。效用函数的二阶导数大于零。当面临多种同样货币预期收益值的方式时，风险爱好者将选择具有较小确定性而不是较大确定结果的投机方式。该风险类型的成员，在收益与风险的选择上比较均衡，既不会为了减少风险而降低收益水平，也不会为了提高收益链而走险。

3. 风险中立

$U[E(w)] = E[U(w)]$风险中立的效用函数是条直线（见图5-3）。

效用随着货币收益的增加而增加，但增加率不变。效用函数的二阶导数等于零。$U = a + bM$，其中U为效用，M为货币收益，a和b是常数（$b > 0$）。

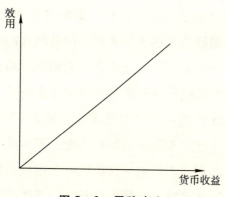

图 5 - 3　风险中立

通过效用和风险的关系图可以更好地描述风险规避成员、风险中性成员与风险偏好成员的特征。对于风险规避类型的成员来说，随着风险的不断提高，成员承担风险所带来的预期收益会不断增加。但是由于成员规避风险的特性，预期风险收益对成员的吸引力会低于预期风险损失对成员的威胁，从而造成成员的风险成本递增。在图 5 - 1 中表现为，风险收益的增长速度低于风险的增长速度，即风险收益的增长率随着风险的提高而逐渐降低。有的时候，当风险增加到一定程度时，随着风险的提高，成员承担风险的收益反而会下降，出现负增长的情况，如图 5 - 1 中 a 点右侧曲线的部分。这是因为，当风险达到一定的程度时，风险增加带来的预期收益不但不能弥补风险增加带来的预期损失，反而会造成成员预期收益的下降。这类风险态度成员的特点是行动比较保守谨慎，当出现由信息不对称等偶然因素引起的投机机会时，除非有十分的把握，他们不会采取冒险行动。这样能够降低合作研发的风险，保障合作研发的顺利进行。但是，在面临可能出现的预期风险时，他们也很容易做出规避行为，放弃努力，以损害整个联盟利益为代价，降低自身的利益损失。

对于风险偏好类型的成员来说，随着风险的不断提高，成员承担风险所带来的预期收益也会不断增加。而且，由于成员偏爱冒险，预期风险收益对成员的吸引力会掩盖风险可能产生的损失，造成成员的风险成本递减。在图 5－2 中表现为，风险收益的增长速度高于风险的增长速度，即风险收益的增长率随着风险的提高而逐渐增加。这类风险态度成员的特点是喜欢挑战风险，采取高风险、高回报的行动。其优点是成员的行动不会受到预期风险的影响，能够保证合作研发在面临不确定性的情况下正常进行。但是，这种成员不会放过任何可能获得超额利润的机会，为此不惜牺牲其他成员甚至研发联盟的整体利益，这种行为将对合作研发造成严重的损害。

对于风险中性类型的成员来说，承担风险所获得的收益增加与风险的提高同步变化。在图 5－3 中表现为，风险收益的增长速度与风险的增长速度相等。这类风险态度成员的特点是行为中性，既不保守也不偏激。他们的行动不会因为风险的变化而改变，面对风险的态度是顺其自然，既不会有所规避，也不会承担超额风险。当出现由信息不对称引起的投机机会时，他们的行为反应也很容易观察和控制，面对超额利润既不会视而不见，也不会偏激冒险。

第二节　风险偏好的决定因素

供应链成员的自身实力是风险态度的基础。供应链是由两个或多个具有互补优势的组织临时组合在一起的，各个成员实力的不均衡决定了成员在面临不同风险时有着不同的态度，对风险变化会做出不同的反应。同样的风险，对于实力较强的成员不会有太大的影响，而对于一些实力较弱的成员，预期风险的损失将对其造成严重的影响，在这种情况下，成员的风险态度将会发生变化，对于风险的规避程度将会加强。如果供应链领导者不能对这种转变及时进行预测，那么就有可能严重影响供应链的正常运作。

预期收益是成员风险态度转变的参照点。签署契约就是为了规避风险，但契约本身却会带来另一种风险——外部市场机会丧失的风险。每个成员在参与供应链之前都会有一定的预期收益或者损失，并且确定一个可以接受的底线，也就是所谓的参照点。当收益低于参照点或者损失超过这个参照点时，成员的风险态度就会发生转变。

成员对损失和收益的敏感度不同会促使成员发生风险态度的转变。预期理论认为，人普遍具有损失规避的特性。当供应链领导者采取收益增加的激励措施时，风险规避的特性决定成员不会因为收益的增加而采取冒险行动；当供应链领导者采取收益减少的惩罚措施时，成员的风险态度会转变为风险偏好，这种偏好会促使成员为了避免损失而采取冒险行动。

成员在进行风险决策时，并不关心收益本身的最终值，而是关心收益相对于某一参考值的变化程度。报酬从10增加到20将会比从18增加到22更有激励作用，因为对于成员来说，收益的变量（10＞4）将会比收益的最终值（22＞20）更具有诱惑力。不确定性是诱发成员风险态度变化的主要原因。不确定性是产生风险的主要原因，由于存在不确定性，成员的努力并不能完全反映为行动结果，由此产生了风险。同时，不确定性也是风险态度变化的主要原因，这种不确定性不是发生在成员行动过程中的不确定性，而是指成员由于受到主客观各种因素的影响，其参照点、敏感度等决定风险态度的因素发生改变，从而改变成员的风险态度。

另外，供应链成员的启发式认知偏向对其风险态度有着很大的影响。成员对不确定性做出判断时，会利用一些先验知识、丰富经验而走思维捷径。这些捷径有时会帮助成员快速地做出准确的判断，但有时却会导致判断上的偏差。这些因走捷径而导致的判断偏差，就成为启发式偏向，主要体现为以下三点。

第一，代表性偏向。成员对不确定性的判断并不都是根据现实收集到的各种信息进行的，有时成员会把当前遇到的不确定性和成员曾经经历过的类似状况进行比较，相似程度越高，成员就越是根据已发生的情形对不确定性进行判断。这样，成员在根据已经发生的情况做出风险对待态度选择的同时，往往会忽略掉现实情况中一些不熟悉或者不理解的信息，这样便会造成成员风险判断错误、成员风险态度选择失误的结果。

第二，可得性偏向。成员对不确定性进行判断时，往往会依赖快速得到的信息，或者是最先想到的情形，而不去致力于挖掘更多的信息。例如，某个供应链的成员，观测到市场中该供应链的产品正处于衰退状态，判断该产品的市场前景不好，从而认为该产品具有很高的风险。但该成员并没有进一步收集详细的信息，认为该产品的衰退是由于进行新技术应用而造成的，顾客对新技术不了解，因而导致该产品销售不畅，实际上该产品有着很大的市场潜力。由于对市场前景的判断出现错误，成员在供应链中的风险态度会发生变化，产生规避心理，进而影响了成员在供应链中的行为表现。

　　第三，锚定效应。锚定效应是指供应链成员在对不确定性做出判断时，会将某些特定的数值作为起始值，如果预期结果与起始值发生偏差，成员就会有不同的行为表现。但是，这些"锚"是由成员主观臆测的，因而很容易与实际情况发生偏差。例如，有些成员对于参与供应链的收益有一个基准，如果成员在参与供应链的过程中发现收益率很高，但这个收益率是不断下降的，那么成员对契约预期收益的估计值将会很低；如果成员发现供应链前期的收益率不高，但是收益率是逐渐升高的，那么成员的契约预期收益的估计值将会很高。在这种情况下，即使这两个契约的总收益相同，成员也会倾向于选择第二个契约。

第三节　风险偏好变化及其对契约的影响

　　供应链成员在供应链中的风险态度不是一成不变的，是会随着客观环境因素、成员自身条件因素的变化而改变的。考虑成员在下面几种情况下的行动选择。

　　成员的确定收益为 6000 元，成员进行投机，有 50% 的几率获得成功，获得收益 24000 元；有 50% 的几率失败，遭受损失 12000 元。这种情况下，大部分成员不会选择进行投机行为。因为两种选择的预期收益相等，同为 6000 元，成员没有必要冒损失 12000 元的风险去进行投机。这时成员的风险态度类型为风险中性或者风险规避。但是，当情况发生变化时，成员的确定收益降为 −1000 元，成员进行投机，有 50% 的几率取得零收益，有 50% 的几率损失 2000 元。虽然两种选择的预期收益仍然相等，同为 −1000 元，但成员的风险态度将发生变化，转变为风险偏好类型，成员的行动选择也会转变为进行投机。这是因为，成员的风险态度是会随着成员的收益变化而改变的。一般而言，当成员面临收益获得时，成员倾向于风险规避；当成员面临收益损失时，成员倾向于风险偏好。

在实际中，获得和损失并不是绝对的，而是相对于参照点而言的。如果成员进行投机，有 50% 的几率获得成功，获得收益 12000 元；有 50% 的几率失败，遭受损失 10000 元。如果成员的自有资金高于 10000 元，则成员倾向于风险偏好的风险态度而进行投机。因为投机会给成员带来正向的预期收益，而且失败的损失也是成员可以承受的。但是如果成员的自有资金低于 10000 元，则成员倾向于风险规避的风险态度，不选择进行投机。因为虽然总的预期收益有利于成员，但损失 10000 元将会使成员陷入困境。

通过以上分析，我们得出几个很重要的结论。

第一，在供应链中，成员的风险态度随着预期收益的盈余和亏损不同发生变化。在面临收益下降的情况下，成员的风险态度很可能保持风险规避，但是当收益下降为负值，即转化为损失并且损失逐渐增加时，成员的风险态度就会发生变化，转而变为风险偏好（见图 5 - 4）。

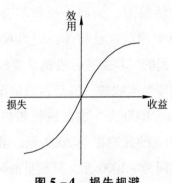

图 5 - 4　损失规避

第二，成员在评价风险时所使用的参照点发生变化，其风险态度也会发生变化。图5-4为成员原始的风险态度变化趋势，也就是说，除非成员在契约合作过程中处于亏损状态，否则该成员都将是一个风险规避者。但是，随着成员所处的环境发生改变，或者成员的认识、理解发生变化，其参照点也会发生改变（见图5-5）。例如，成员的战略规划要求其在供应链中必须取得一定数额的赢利，那么成员风险态度变化的参照点就会相应上升，成员由风险规避变化为风险偏好的几率就会提高。

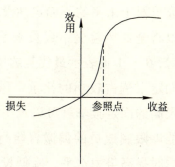

图 5 - 5 改变参照点的损失规避

第三，成员对损失和收益的敏感程度不同，对激励措施的反应也不同。假设供应链领导者给跟随者的报酬为10000元，如果跟随者努力程度很高，任务出色完成，那么报酬会增加到12000元。这种激励措施，有可能对跟随者的激励力度很小，无法促使跟随者提高努力水平。但是，假设领导者规定跟随者的报酬为12000元，如果跟随者工作不努力，任务完成得不好，那么报酬将会降为10000元。这种惩罚性的措施将会很好地对跟随者产生激励作用，因为跟随者对损失的敏感度高于对收益的敏感度。也就是说，跟随者对损失的痛苦感比其对收益的满意感更强烈，所以在收益下降的情况下，跟随者的努力程度会更高。

以上分析表明，不同的供应链节点，其风险偏好各不相同，同一个节点在不同环境下的风险偏好也有差异。这种差异体现在供应链合作中，就成为供应链成员能否履约的重要影响因素。为提高供应链各个成员的履约率，降低供应链整体风险，有必要在供应链契约设计中充分考虑各个成员的风险偏好。当成员为风险中性或者风险偏好类型时，最优契约中的激励系数 $\beta = 1$，这意味着契约要求成员承担供应链的全部风险。因为成员对于未来的不确定性没有预期风险成本，供应链领导者可以将全部风险交给成员来承担，而没有必要由自己承担。同时，$\beta = 1$ 也表示最优契约中成员的激励报酬占很大的比重，固定报酬占较小的比重。风险偏好的特性决定了成员不需要很高的固定报酬就可以承担很高程度的风险。较高的激励报酬能够限制成员的偏激冒险行为，让成员在最大化自身利益的同时提高努力水平，降低投机行为的几率。

当成员为风险规避类型时，成员会对未来的不确定性产生一定的预期风险成本，这时风险会在领导者和成员之间分配，成员承担风险的份额会随着成员风险规避程度的提高而逐渐减少。随着成员风险规避程度的提高，最优契约中的固定报酬会逐渐增加，激励报酬会逐渐减少。当成员风险规避程度提高时，其风险的预期损失也将增加，这就需要领导者通过提高固定报酬来降低成员的预期损失，提高成员的努力水平。

第四节　具有偏好差异的契约模型设计

本节将根据 LF 博弈理论考察供应商和销售商都是风险

中性的回购模型以及供应商为风险中性而销售商为风险规避的回购模型,其中假设供应商是领导者,销售商是追随者,供应商给定一套契约参数,销售商据此确定其最优产品订购量。同时认为产品市场是开放的,有关产品市场的销售价格、需求分布和库存成本参数等信息是对称的。所以,作为领导者,供应商能获得所有必需的信息来推论销售商的产品订购量,并据此制定最佳决策。

一 模型假设

在建立理论模型之前,为了便于分析,我们将对涉及的变量进行假设和说明。假设产品是时令性的,并且订货周期较长。销售商面临一个随机的市场需求,并且在销售季节前根据契约规定提供一个订购量,若实际需求大于订购量,则销售商将存在丧失商机的成本,即缺货成本。若实际需求小于订购量,则销售商将存在过量持有成本。同时假设供应商和销售商是风险中性和完全理性的,即两者将根据期望利润最大化的原则来进行决策。根据需要,在前几章契约参数的基础上,添加符号如下。

r——退货价格,且 $r > v$;

T——供应链节点间的转移支付;

μ——需求量 x 的均值;

σ——需求量 x 的均方差;

产品的市场需求量为 $x \geq 0$,需求分布函数和需求密度函数分别为 $F(x)$ 和 $f(x)$,其中 $F(x)$ 可微、单调递减,且 $F(0) = 0$,$\overline{F}(x) = 1 - F(x)$,$\mu = E(x) = \int_0^{+\infty} x f(x) dx$。

当订购量为 Q、实际需求量 $x < Q$ 时，销售量 $S(Q) = x$；当实际需求量 $x \geqslant Q$ 时，销售量 $S(Q) = Q$，因此，销售量函数为：

$$S(Q) = \min(Q, x)$$

设销售商的期望销售量用 $S(Q)$ 来表示，其含义是：$S(Q) = E[S(Q)]$，利用数理统计知识可以推导出如下关系：

$$S(Q) = \int_0^{+\infty}(Q \wedge x)f(x)\,dx = \int_0^{\infty}\int_{y=0}^{Q \wedge x} dyf(x)\,dx$$

$$= \int_0^Q \int_y^{\infty} f(x)\,dxdy = \int_0^Q \overline{F}(x)\,dx \qquad (5-2)$$

其中，$\wedge$ 表示两个数中取小的意思。

设 $I(Q)$ 为销售商没有销售出去的产品数量，则

$$I(Q) = \int_0^Q (Q - x)f(x)\,dx = Q - s(Q) \qquad (5-3)$$

设 $L(Q)$ 为销售商缺货的产品数量，则

$$L(Q) = \int_Q^{+\infty}(x - Q)f(x)\,dx = \mu - s(Q) \qquad (5-4)$$

与前面的研究步骤一样，本节先研究集中控制供应链的收益情况和最优订购量情况，但是在契约参数的应用上有所变动，同时考虑了库存成本、缺货成本和产品残值。在此前提下，才能研究以供应链整合为最优目标的协作。为此，我们首先讨论集中控制供应链模型。

所谓集中控制供应链，也就是供销一体化模式，供应商和销售商属于同一个经济实体或者组成战略联盟，因此这种模式追求的是供应链整体利润最大化。这也是供应商和销售商相互独立时供应链采取协作策略追求的最优目标。在集中控制供应链模式下，集中控制供应链生产 Q 个产品，并且直

接以零售价格 p 卖给消费者，其目的是确定一个最优的订购量（或生产量）来使供应链整体利润最大化。集中控制供应链的期望整体利润 $\prod^c$ 为：

$$\prod^c = p \times S(Q) + v \times I(Q) - h \times I(Q) - g \times L(Q) - c \times Q$$
$$= (p + h + g - v) \times S(Q) - (c + h - v)Q - g \times \mu \quad (5-5)$$

根据 Leibniz 规则可以知道该函数为凹函数，设 Q^c 为集中控制供应链最优订购量，则 Q^c 满足：

$$\frac{d\prod^c}{dQ} = (p + h + g - v)S'(Q) + v - h - c$$
$$= (p + h + g - v)\overline{F}(Q) + v - h - c$$
$$= 0$$

则均衡订购量的函数为：

$$F(Q) = \frac{p + g - c}{p + h + g - v} \quad (5-6)$$

所以，集中控制下的最优订购量为：

$$Q^c = F^{-1}\left(\frac{p + g - c}{p + h + g - v}\right) \quad (5-7)$$

可见，Q^c 是实现供应链整体利润最大化的最优订购量，这也是采用契约形式来实现供应链协作的最优目标。最优订购量的结果与上一章不同，因为此处在考虑库存成本和缺货成本的同时，也考虑了产品的残值。

二 销售商风险中性的回购模型

采用退货政策时，我们假设当销售期结束后，供应商提供给销售商的退货价格为 $r(r > v)$，也就是供应商用一个合理

的价格 r ，从销售商那里买回产品销售期结束时没有卖出的产品。因此，供应商从销售商那里得到转移支付为批发收入减去退货成本。即销售商付给供应商的转移支付为：

$$T_r(Q,w,r) = wQ - rI(Q) = rS(Q) + (W - r)Q$$

此时销售商的利润为：

$$\prod_r^x = pS(Q) + rI(Q) - hI(Q) - hL(Q) - wQ$$

$$= (p + h + g + r) \times S(Q) - (w + h - r)Q - g\mu \quad (5-8)$$

由于 $\prod_r^x$ 为 Q 的凹函数，令一级导数等于零，则易得出退货政策下销售商的最优订购量为：

$$Q^x = F^{-1}(\frac{p + g - w}{p + g + h - r}) \quad (5-9)$$

根据供应链协作的要求，令 $Q^x = Q^c$，得：

$$\frac{p + g - w}{p + g + h - r} = \frac{p + g - c}{p + h + g - v}，则可得：$$

$$w = c + \frac{(r - v) \times (p + g - c)}{p + g + h - \nu} \quad (5-10)$$

把式（5-10）代入式（5-8）中并整理可得：

$$\prod_r^x = \frac{p + h + g - r}{p + h + g - v} \times \prod^x - \frac{r - v}{p + h + g + v} \times g\mu \quad (5-11)$$

则供应商的利润 $\prod_s^x$ 为：

$$\prod_s^x = \prod^x - \prod_r^x$$

$$= \frac{r - v}{p + h + g - v}\prod^x + \frac{r - v}{p + h + g - \nu} \times g\mu \quad (5-12)$$

$$= \lambda \times (\prod^x + g\mu)$$

其中,$\lambda = \dfrac{r - v}{p + h + g - v}$。

可见,$0 < \lambda < 1$,因此,退货政策可以实现供应链协作。通过式(5-12)可知,供应商可以根据选择退货价格 r 的大小来确定自己占有整个供应链利润的份额,并用式(5-10)来确定最优的批发价格 w,此时供应商提供的契约参数$\{r, w\}$ 可以确保供应链协作,即实现整个供应链的利润最大化。

三　销售商风险厌恶的回购模型

在上一部分中,我们建立了标准"Newsvendor Problem"模式下回购契约模型,也就是假设决策者是风险中性的。目前关于供应链契约理论方面的研究大多建立在风险中性的基础上,几乎很少研究供应商和销售商的风险偏好对供应协作策略的影响 (Lau et al. , 1999)[130]。

这种建立在风险中性基础上的供应链回购契约理论始终是以期望利润最大化为前提假设的,可是在现实生活中,有许多相反的例子表明,管理者在做决定时,并不总是用期望利润最大化来决定订购产品的数量。例如,Fisher 和 Raman (1996)[131]注意到时尚服装生产商的管理者的实际订购量小于风险中性管理者的订购量。Patsuris (2001)[132] 发现尽管全球 2001 年经济并不是很景气,但许多销售商继续增加库存,甚至订购更多不必要的产品。造成这一现象的主要原因是决策者在做决策时常常有自己的决策偏好,从而影响了决策结果。例如,一个风险厌恶型的销售商在做决策时,其订购量将小于以期望利润最大化为原则的销售商所确定的订购量，并且订购量随着风险厌恶度的增大而下降（Eeckhoudt et al., 1995）[133]。Agrawal 和 Seshadri（2000）[134]研究了具有风险厌恶和价格敏感性的"Newsvendor Problem"，他们发现，当需求分布和价格为乘法关系时，风险厌恶的销售商选择的零售价格将高于风险中性的销售商；而当需求分布和价格为加法关系时，风险厌恶的销售商将会选择一个较小的零售价格。可见，决策偏好在管理者的决策中起着非常重要的作用。本章正是基于这一形式，把决策偏好引入供应链契约中，建立含有决策偏好的供应链契约理论模型。

最近，有些学者已经意识到采用风险中性来分析销售商的市场行为的局限性，开始着手研究销售商的决策偏好对供应链决策行为的影响。例如，Anupindi（1999）[135]指出，抛开风险中性的限制，使研究设定更符合现实情况，将会更有利于对供应链行为的理解。Tsay 等（1999）[40]指出供应链契约理论未来的研究方向是：允许供应链中的参与者有多种目标函数，而不仅仅就是利润最大化。Khouja（1999）[136]也把"Newsvendor Problem"扩展到不同的目标和效用函数作为未来供应链研究的首要问题。Wu 等（1999）[137]也认为，在未来供应链管理的研究中，考虑供应链管理中的人类行为科学将是一个非常重要和具有挑战性的任务。

本部分将基于 Schweitzer 和 Cachon（2000）[138]提出的具有决策偏好的"Newsvendor Problem"模式，把决策偏好引入供应链契约理论的研究之中。由于退货政策是目前最为常用的供应链协作策略，因此本部分主要分析具有决策偏好的退货政策模型。

为了避免混淆和更好地分析模型，本部分假设没有超量订购成本和缺货损失费，即假设 $h = g = 0$，其他的符号定义与说明同上述章节相同。根据式（5 - 7），我们可以得出集中控制供应链的最优订购量为：

$$Q^c = F^{-1}\left(\frac{p - c}{p - \nu}\right) \tag{5 - 13}$$

假设批发价格已知，主要分析如何通过选择退货价格来实现供应链协作。作为对比，我们首先列出销售商为风险中性下的最优退货价格的函数表达式。根据式（5 - 10）可知，在标准"Newsvendor Problem"模式下采用退货政策时，整个供应链最优的退货价格 r^x 为：

$$r^x = \nu + \frac{(w - c)(p - v)}{p - c} \tag{5 - 14}$$

类似的，在供应链管理中，我们把销售商的下行风险定义为实际利润小于或等于其制定的目标利润的概率。假设销售商的目标利润用 $\widetilde{T}$ 表示，则销售商的下行风险为：

$$p\{\pi_r^x \leq \widetilde{T}\}$$

其中，π_r^x 表示采用退货政策的销售商的实际利润，其函数表达式为：

$$\begin{aligned}
\pi_r^x &= p \times \min(Q, x) - w \times Q + r \times [Q - \min(Q, x)] \\
&= (p - r) \times \min(Q, x) - (w - r) \times Q
\end{aligned} \tag{5 - 15}$$

由式（5 - 8）可知，采用退货政策时销售商的期望利润为：

$$\prod_r^x = E(\pi_r^x) = (p - r) \times S(Q) - (w - r) \times Q \tag{5 - 16}$$

1. 销售商最优订购量的确定

如果销售商期望其下行风险不能高于所规定的概率 β，则销售商的最优决策问题变为：在目标利润函数的约束下，寻求最优的订购量使期望利润最大。即

$$\max_{Q \geqslant 0} \prod_r^x \qquad (5-17)$$

$$s.t. \quad p\{\pi_r^x \leqslant \tilde{T}\} \leqslant \beta \qquad (5-18)$$

假设有两个销售商的风险厌恶参数分别为（$\tilde{T}_1, \beta_1$）和（$\tilde{T}_2, \beta_2$），若 $\tilde{T}_1 \leqslant \tilde{T}_2$，且 $\beta_1 > \beta_2$，则我们说第二个销售商比第一个销售商具有更高的风险厌恶偏好。因此，调高销售商的风险厌恶度可以通过以下三个途径。

（1）增加目标利润 $\tilde{T}$；

（2）降低概率 β；

（3）增加 $\tilde{T}$ 的同时降低 β。

如果目标函数（5-17）没有约束条件（5-18），则决策问题就变为标准 "Newsvendor Problem" 模式下的退货政策模型，此时风险中性的销售商的最优订购量为：

$$Q^x = F^{-1}\left(\frac{p-w}{p-r}\right)$$

考虑具有风险厌恶偏好时，我们根据式（5-17）和式（5-18）可以得出如下结论。

命题 5-1 采用退货政策时，对于任何给定的目标利润 $\tilde{T}$，存在一个临界订购量 $\tilde{Q}$：

$$\widetilde{Q} = \frac{\widetilde{T}}{p - w}$$

（1）当订购量 $Q > \widetilde{Q}$ 时，下行风险为 1，此时，销售商因为不可避免地要面临达不到目标利润的风险，所以必定会选择不订购产品。

（2）当 $Q > \widetilde{Q}$ 时，下行风险为 $F\left[\dfrac{\widetilde{T} + (w - r)Q}{p - r}\right]$，且是 Q 的增函数。

证明：若 $Q \leqslant \widetilde{Q}$，则

当 $Q \leqslant X$ 时，有 $\pi_r^x = (p - r) \times \min(Q, x) - (w - r) \times Q$

$$= (p - w) \times Q \leqslant (p - w)\widetilde{Q}$$

$$= (p - r) \times \widetilde{Q}(w - r) \times \widetilde{Q} = \widetilde{T}$$

当 $Q > X$ 时，有 $\pi_r^x = (p - r) \times \min(Q, x) - (w - r) \times Q$

$$= (p - r) \times x - (w - r) \times Q < (p - r) \times$$

$$Q - (w - r) \times Q$$

$$= (p - w) \times Q < (p - w) \times \widetilde{Q} = \widetilde{T}$$

可见，当 $Q \leqslant \widetilde{Q}$ 时，必有

$\pi_r^x = (p - r) \times \min(Q, x) - (w - r) \times Q \leqslant (p - r) \times \widetilde{Q} - (w - r) \times \widetilde{Q} = \widetilde{T}$，因此，$p\{\pi_r^x \leqslant \widetilde{T}\} = 1$。

若 $Q > \widetilde{Q}$，则 $p\{(\pi_r^x \leqslant \widetilde{T}) \cap (x > Q)\} = 0$，因此，

$$p\{\pi_r^x \leqslant \widetilde{T}\} = p\{(p - r)x - (w - r)Q \leqslant \widetilde{T}\}$$

$$= p\left\{x \leqslant \frac{\widetilde{T} + (w - r)Q}{p - r}\right\} = F\left(\frac{\widetilde{T} + (w - r)Q}{p - r}\right)$$

显然，根据上式可知下行风险为 Q 的增函数。

证毕。

下面针对 $Q > \tilde{Q}$ 的情况，可以求得具有风险厌恶偏好的销售商的最优解。

命题 5 - 2 假设销售商的风险厌恶参数为 $(\tilde{T}, \beta)$，则采用退货政策时，具有风险厌恶偏好的销售商的最优订购量 Q_β^x 为：

$$Q_\beta^x \begin{cases} Q^x & \beta \geq F\left[\dfrac{T + (w - r)Q^x}{p - r}\right] \\[3mm] \dfrac{(p - r)F^{-1}(\beta) - \tilde{T}}{w - r} & F\left[\dfrac{\tilde{T} - (w - r)Q^x}{p - r}\right] \leq \beta < F\left[\dfrac{T + (w - r)Q^x}{p - r}\right] \\[3mm] 0 & \beta < F\left[\dfrac{\tilde{T} + (w - r)Q^x}{p - r}\right] \end{cases} \tag{5-19}$$

其中，T 为供应链总利润，$Q^x = F^{-1}\left(\dfrac{p - w}{p - r}\right)$。

证明：当 $\beta \geq F\left[\dfrac{T + (w - r)Q^x}{p - r}\right]$ 时，因为 $P\{\pi_r^x \leq \tilde{T}\} = F\left[\dfrac{\tilde{T} + (w - r)Q}{p - r}\right]$，而 $F\left[\dfrac{T + (w - r)Q}{p - r}\right] \geq F\left[\dfrac{\tilde{T} + (w - r)Q}{p - r}\right]$，所以显然也满足式(5 - 18)，这种情况下可近似为风险中性。由于 Q^x 为目标函数式(5 - 17)的最优解，易得 $Q_\beta^x = Q^x$。

当 $F\left[\dfrac{\tilde{T} + (w - r)Q^x}{p - r}\right] \leq \beta < F\left[\dfrac{T + (w - r)Q^x}{p - r}\right]$ 时，根据式(5 - 18)，$p\{\pi_r^x \leq \tilde{T}\} = F\left[\dfrac{\tilde{T} + (w - r)Q}{p - r}\right] \leq \beta$，即 $Q \leq$

$\dfrac{(p-r)F^{-1}(\beta)-\widetilde{T}}{w-r}$，由式（5-17）可知，此时目标函数是订

购量 Q 的增函数，因此，销售商选择的最优订购量为：$Q_\beta^x =$

$\dfrac{(p-r)F^{-1}(\beta)-\widetilde{T}}{w-r}$。

当 $\beta < F\left[\dfrac{\widetilde{T}+(w-r)Q^x}{p-r}\right]$ 时，此时的下行风险为 1，因

此，销售商肯定不会订货，从而订购量为零。

证毕。

当 $F\left[\dfrac{\widetilde{T}+(w-r)Q^x}{p-r}\right] \leqslant \beta < F\left[\dfrac{T+(w-r)Q^x}{p-r}\right]$ 时，我

们分别求 Q_β^x 对退货价格 r 和批发价格 w 的一阶导数，可知：

$$\frac{dQ_\beta^x}{dr} = \frac{(p-w)F^{-1}(\beta)-\widetilde{T}}{(w-r)^2} = \frac{(p-w)[F^{-1}(\beta)-\widetilde{Q}]}{(w-r)^2} \qquad (5-20)$$

$$\frac{dQ_\beta^x}{dw} = \frac{(p-r)F^{-1}(\beta)-\widetilde{T}}{(w-r)^2} = \frac{(p-r)[F^{-1}(\beta)-\widetilde{Q}]+\frac{w-r}{p-w}\widetilde{T}}{(w-r)^2} \qquad (5-21)$$

已知 $\beta > F(\widetilde{Q})$ ，则 $\dfrac{dQ_\beta^x}{dr} > 0$ ，$\dfrac{dQ_\beta^x}{dw} < 0$ ，也就是说，

销售商订购量 Q_β^x 才是退货价格 r 的增函数，是批发价格 w

的减函数。由于 $p-r > p-w$ ，因此，由式（5-20）和

式（5-21）可以看出，虽然降低批发价格和提高退货价格

都可以刺激销售商增加订购量，但采用前者更为有效。设

$F' = F\left[\dfrac{T+(w-r)Q^x}{p-r}\right], F'' = F\left[\dfrac{\widetilde{T}+(w-r)Q^x}{p-r}\right]$ ，则我们可

以把命题 5-2 的结论描述为图 5-6。从图 5-6 中我们可以

直观地得到以下结论。

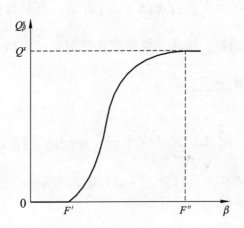

图 5 - 6　主观风险厌恶度与最优订购量的关系

（1）当 $\beta \geqslant F\left[\dfrac{T+(w-r)Q^x}{p-r}\right]$ 时，销售商的风险厌恶程度比较低，可以等同于风险中性情况，最优订购量也等于风险中性下的最优订购量 Q^x。

（2）随着销售商风险厌恶度的不断增加，当

$F\left[\dfrac{\tilde{T}+(w-r)Q^x}{p-r}\right] \leqslant \beta < F\left[\dfrac{T+(w-r)Q^x}{p-r}\right]$ 时，则销售商的

最优订购量 $Q_\beta^x = \dfrac{(p-r)F^{-1}(\beta)-\tilde{T}}{(w-r)}$。

由于 $F(x)$ 为单调递增函数，且规定 $x>0$，则 $F^{-1}(x)$ 也为单调递增函数，由此易知 $Q_\beta^x = \dfrac{(p-r)F^{-1}(\beta)-\tilde{T}}{(w-r)}$ 是递增函数。也就是说，具有风险厌恶偏好的销售商其订购量小于风险中性的情况，并且随着风险厌恶度的不断增大，也就是

β 的不断下降，销售商的最优订购量也不断下降。这一结论与 Eeckhoudt 等（1995）[133] 的研究结果一致。

（3）当销售商的风险厌恶度进一步增大到 $\beta <$ $F\left[\dfrac{\tilde{T} + (w - r) Q^x}{p - r}\right]$ 时，易证得 $Q_\beta^x = 0$。根据命题 5 – 1 可知，此时销售商的下行风险为 1，因而销售商将拒绝订购任何产品，所以，在这种高风险厌恶度的情形下，最优订购量为零。

2. 供应链协作问题和契约参数的确定

下面我们将分析具有风险厌恶偏好的销售商的供应链协作问题，要实现供应链协作，则必须满足 $Q_\beta^x = Q^c$，即销售商的最优订购量必须等于集中控制供应链最优时的订购量。根据前面的分析，令 $Q_\beta^x = Q^c$，我们很容易证得以下结论。

命题 5 – 3 当销售商具有风险厌恶偏好，采用退货政策时，为了实现供应链协作，供应商提供的供应链契约参数须满足以下条件。

（1）当 $\beta \geqslant F\left[\dfrac{T + (w - r) Q^x}{p - r}\right]$ 时，退货政策可以实现供应链协作，且最优契约参数的确定与标准 "Newsvendor Problem" 模式下的退货政策相同。即

$$r_\beta^x = r^x = \nu + \frac{(w - c)(p - v)}{p - c}$$

（2）当 $F\left[\dfrac{\tilde{T} + (w - r) Q^x}{p - r}\right] \leqslant \beta < F\left[\dfrac{T + (w - r) Q^x}{p - r}\right]$ 时，为了实现供应链协作，退货价格须满足 $r_\beta^x = p - \dfrac{(p - w) Q^c - \tilde{T}}{Q^c - F^{-1}(\beta)}$。

（3）当 $\beta < F\left[\dfrac{\tilde{T} + (w - r)Q^{x}}{p - r}\right]$ 时，退货政策无法实现供应链协作。

第五节　本章小结

通过以上的分析，我们可以看出，通过调整批发价格和退货价格可以调整风险在供应商和销售商之间的分配，从而刺激销售商增加订购量。

现代委托－代理理论认为，一个风险在一个避险者和一个冒险者或风险中性者之间分担时，让避险者获取一份固定收入，冒险者或风险中性者承担全部风险是一种帕累托最优。而供应链中供应商和销售商的关系可以视为委托－代理关系，供应商是委托人，销售商是代理人。因此，我们可以得出如下结论。

如果供应商属于风险中性类型而销售商属于风险厌恶类型，则供应商可以向销售商提供一个较高的批发价格和一个较高的补偿价格，从而降低销售商承担的风险，保证销售商有一个较为稳定的收入，并使供应商享受大部分的剩余索取和承担大部分的风险。如果销售商没有达到规定的努力程度，供应商可以给予其一定的惩罚。因此，这个稳定的收入等于在帕累托最优情况下销售商的努力得到的保底值。

第六章
基于契约优化的供应链风险实证

　　第三、四、五章主要研究供应链购销契约的优化问题，本章关注的则是优化后的供应链契约是否能降低供应链整体风险。本章的第一节介绍了课题小组在广东地区针对水产品供应链风险的调研情况，描述了水产品供应链的结构，提取了供应链风险的影响因素和相应的权重；第二节以契约优化前的调研数据为基础，采用双因素分析法，分别计算了单因素的风险值和水产品供应链的综合风险值；第三节则以契约优化后的调研数据为基础，重新计算了各个风险因素的风险值和供应链的风险值；第四节给出了结论。

第一节　水产品供应链调研概况

　　为进一步了解我国水产品供应链的具体运作情况，课题组先后调研了北京地区的两家水产公司、浙江舟山的两家水产公司和一个水产批发市场、广东的黄沙水产批发市场以及水产公司若干，调研内容主要是罗非鱼的产供销过程。下面以广东地区的水产品供应链为例予以介绍。

一 水产品供应链结构分析

课题组在 2006 年底分别对广州鹭业水产有限公司、广州市澳洋实业有限公司、阳西益毫水产食品加工厂、阳江市纽荷雷任水产发展有限公司进行了调查研究，获取了育种、养殖、加工、出口等供应链环节的基本信息。此外，还对船东互保协会、广东省渔业协会、广东水产流通与加工协会等影响较大的行业协会进行了走访。广东水产品供应链结构见图 6-1。

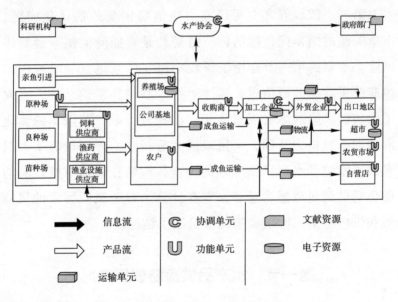

图 6-1 广东水产品供应链结构

1. 育种

种苗是农业产业的关键，广东地区水产养殖的快速发展与种苗产业的进步有很大的联系，种苗的品质直接关系到成鱼的好坏。由于广东省近年来罗非鱼的产量增长很快，所以本书选择罗非鱼种苗作为调研对象。罗非鱼的种苗有两种来源。一种是直接从国外引进，如阳江市纽荷雷任水产发展有限公司。该公司主要从事育种、养殖、加工和出口业务，其亲鱼直接从以色列空运过来，在阳江孵化、养殖，并通过其他工厂（如阳西益豪）加工，最后出口到以色列。另一种是自己选育，比较有代表性的如广州鹭业水产有限公司等。

鹭业水产在厦门、广州、海南三大基地共开辟了近3000亩高标准的苗种繁育基地，并配有原种保种场和中试基地，设于厦门的基地拥有92℃高温温泉，实行常年性、全天候的苗种生产。三大基地年可繁育10亿尾的杂交雄性吴郭鱼和彩虹鲷等苗种，为全国近30个省份及东南亚地区提供品牌苗种。据介绍，自1993年引进罗非鱼亲鱼以来，鹭业水产不断对亲鱼种质进行选育和提纯复壮，至少已选育到第八代，从而选育出个体大、生长快、杂交雄性率高的尼罗罗非鱼和奥利亚罗非鱼，这两种纯种罗非鱼生长快、性成熟期长。经检验，这两种亲鱼的杂交后代生长迅速、雄性率高、规格整齐、容易起捕、体高肉厚，非常适合加工出口。据许多引进该种苗的养殖业主反映，鹭业水产的罗非鱼无论在技术上还是品质指标上，都堪称一流，并且技术始终比较稳定，饲养出的罗非鱼体形比较好，也比较大，鱼头小、背高、体厚，特别适合加工成鱼片出口。这种高品质的鱼苗带动了规模发展，近年来，鹭业水产已成为广东水产苗种行业的龙头企业。

2. 养殖

养殖方面主要以广州市澳洋实业有限公司为例，为了保证成鱼的品质和安全，该公司在养殖过程中对水质、水流、水温、投饵等方面进行了科学的管理，同时实现了对养殖鱼的种质、营养、生长和疾病防治等的全面监控。在养殖环节，澳洋公司除了在鱼苗方面规定只能由公司向养殖基地提供之外，公司还提取了 3 个关键控制点，分别是水质、饲料、养殖模式。在水质方面，要求附近无污染源，实际上，现在的养殖用水是地下水，冬暖夏凉，基本可以保证常温。养殖场有进水口和排水口，可以定期更换养殖用水。另外，由于 ISO 和 HACCP 的标准在不断地提高，公司对水质的要求通常比标准更严格，比如在盐度方面，标准是 0.05ppt，现在公司要求 0.01ppt。在饲料方面，重点在于原材料来源的控制，要求务必是纯天然植物提取物，主要包括玉米、豆麸、花生麸、黄粉（粗面粉）等。而在饲料加工阶段，对于禁用的药物绝对不用，对于限用的绝对不能过量；在饲料加工的预混阶段，一定要混合均匀，杜绝由于混合不均造成的局部饲料的药物过量。养殖基地只能使用公司提供的饲料，这些饲料都是浮料，可以实现吃多少喂多少，避免饲料下沉腐烂，影响水质。在养殖模式方面，公司主要采用"公司 + 基地"模式，鱼苗及病害管理、养殖指导等都免费提供，只要质量合格，公司保证回收基地的产品，并实行保护价。在具体的养殖方法上，公司有"四定"，即定时、定量、定位、定制，基地具有自动投喂系统，可以在固定时间、固定地点喷撒饲料。不同规格的鱼分塘饲养。加工销售后，利润在公司和基地间分配。其间，基地只需要支付饲料的费用。正是由于这种科学的养殖方式，加上优质的罗非鱼品种，使得"澳洋彩鲷"的市场价格比普通罗非鱼的市场价格高 0.5 元/斤，每亩通常可多获利 1000 元以上。

3. 加工

在水产加工方面，本书以阳西益毫水产食品加工厂为目标进行调研。该厂是广州水产进出口企业集团的下属企业，主要经营范围是水产品加工和销售，主要产品包括冷冻虾、冷冻去头虾、冷冻虾仁，以及各类冷冻养殖鱼、冷冻鱿鱼、冷冻墨鱼、冷冻罗非鱼及鱼片、冷冻鱼糜及其制品；年加工能力约5000吨，产品主要销往日本、美国、加拿大、澳大利亚及中国的香港和台湾等地区。该厂已于2005年10月通过了HACCP体系认证。

工厂占地6500平方米，厂房8800平方米，其中厂房又分为水产品加工厂［粗加工、精加工（含急冻）、内包装、外包装车间］和鱼糜加工厂，配备了容量为200吨的保鲜库、1000吨的冷藏库、辅料仓库和有毒害物品仓库。遵循HACCP体系标准，要求加工车间密封，加工用水卫生、安全，工作人员统一消毒着装，质量控制不留死角。工厂设总经理1名，副经理2名，分管7个部门，分别是生产部、品管部、行政部、机管部、财务部、采购部和业务部。

工厂现有5个固定的供应商，主要分布在工厂周边地区，这样可以节省运输成本。这5个供应商都是通过长期合作筛选出来的，信誉是确保原料安全的第一要素，具体来说，就是确保无病害鱼苗、无违规药物。这些供应商都具有相当规模，产品品质好，有信誉，能承担活鱼的运输。工厂在与供应商签订购销契约前，会进行捕捞前检验。由于原料的出成率会直接影响加工成本，并且原料的肥瘦对消费者也有影响（比如肉质偏少等），所以工厂会在验收时观察鱼的活度、肥瘦、规格等，不同情况的鱼价格也不一样。其中，鱼肉的气味很重要，立体养殖的鱼不收。至于收购的价格，则实行保底收购、随行就市的原则，根据交售数量的不同分别采用到厂保护价和到厂市场价，双方必须按上述到厂保护价的数量交售完毕后才可按到厂市场价结算。若当天市场平均价高于保护价，则按市场价结算；若低于保护价，则按保护价收购。其中，保护价主要根据养殖成本拟订，如饲料、人工等，若饲料、人工加起来共3元，则保护价会稍高，如3.3元。

工厂为了规范管理，对厂区、厂房进行规划，合理改造，车间布局合理，流程顺畅，排水通畅，设施完备；车间布局能满足生产工艺要求，配备了与生产能力相适应的产品检验设施及设备，污水及废弃物排放符合国家环保要求；制定了科学的产品质量和卫生标准，采用GMP（良好操作规程）进行厂房、车间设计，对管理人员和操作人员进行HACCP上岗培训，在生产中严格按照HACCP体系进行加工操作，提取的关键点主要有两个，分别是原料收购和加工过程的金属探测。在加工过程中，用到很多温度控制、微生物检测、包装等方面的技术，其中速冻要求在-18℃以下，对半成品一般用臭氧杀菌。

另外，工厂在产品追溯方面已有一套比较成熟的体系，公司的种苗、养殖场、饲料都有出口备案，公司的每一件产品都有批号。一旦出现问题，在外部，可追溯到某一个工厂；在内部，则可追溯到某一个养殖户，甚至某一个塘。HACCP中都有关于批号管理的规定。

4. 出口

广东水产品行业经过大力推行标准化、规范化管理，实施电子实时监管，特别是在原料控制方面，实行养殖场备案登记，推广"公司+基地"的模式，从源头上控制水产品的质量，在艰难中求得了发展，并逐渐与国际接轨，质量完全符合进入欧盟的标准。目前，广东省已有122家企业获得输

美 HACCP 质量保证体系认证, 25 家企业获得出口欧盟注册,
25 家企业通过 ISO9000 认证, 6 家企业的 9 种水产品获得国
家绿色食品认证, 为广东省水产品顺利出口打开了通道。统
计数据显示, 2001～2004 年, 广东出口稳定增长。但是, 由
于 2004 年美国对中国出口对虾展开反倾销调查, 从 2005 年
开始, 出口速度降低到比较正常的水平 (见图 6 - 2)。

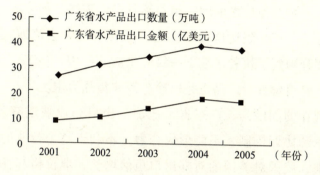

图 6 - 2　广东省水产品出口数量及金额

　　在各大类水产品中, 深加工水产品列出口额第一位, 冻
鱼及鱼片列出口量第一位。具体品种中, 冻鱼片在我国出口
水产品中占重要地位, 出口量和出口额分别为 45 万吨、10
亿美元, 但其中近 95% 为来 (进) 料加工。我国自产出口品
种主要有对虾、鳗鱼、罗非鱼等, 其中对虾出口超过鳗鱼列
第一位。这些自产出口品出口到 150 多个国家或地区, 其中
对中国的香港和台湾以及日本、美国、韩国和欧盟市场的出
口额占总额的 82%。

　　2006 年以来, 广东水海产品对欧盟市场的出口开始恢复
性增长。德国和西班牙是广东出口水海产品的最大消费地, 两
者合计占广东水海产品对欧盟市场出口量的 86.3%。据介绍,

2006 年广东输欧盟的主打品种为冻鱼肉、冻带壳对虾和冻罗非鱼片，其出口量占广东水海产品对欧盟市场出口量的 87.9%。以"澳洋彩鲷"为例，2006 年"澳洋彩鲷"的产值达到 1.5 亿元。90% 的产品远销美国、东欧等地，大部分都是鱼片、鱼段等，很少是鱼丸。同样，阳西益毫在出口贸易方面也有不俗的业绩，工厂自有品牌是 KK，只在中国香港销售，大量的是代加工，贴其他厂家的牌，销售到日本、美国、加拿大、澳大利亚等地。产品到达这些地区之后，其中 80% 会流通到超市，其余部分则到了快餐店或下一级的供应商手中，该工厂基本不涉及最终消费者。产品也是以冷冻罗非鱼片为主。

现在的问题是，广东省水产加工出口企业缺乏有效的行业约束和协调机制，不能形成合力，不利于整个行业的发展。近年来，我国对美国的对虾出口虽然增长，但价格却在下滑，药物残留依然是影响水产品出口的主要因素。出口仍以初级产品为主，带鱼、黄鱼、冻鱼、虾仁、冻鱼片仍然占据出口数量的 60% 以上。据中国渔协调查，我国出口到美国的对虾、罗非鱼等多以初加工产品为主，而其他国家出口到美国的对虾多数是精深加工品，出口绝对量不高。总的来看，广东省一般贸易方式的比重显著下降，来（进）料加工贸易的比重明显提升，开始成为广东省水产品出口中的重要或者主要角色，产品开始往深加工方向转变。

5. 水产行业协会

近年来，广东地区的水产协会无论是在数目上还是在地域分布上，都呈现扩大趋势，但规模普遍较小，其中又以船东互保协会、广东省渔业协会、广东水产流通与加工协会等影响较大。

这些协会一般具有两个基本功能。

（1）信息供给职能。水产协会在信息收集上具有一定的优势，协会通过多种渠道获取信息，并进行加工整理，形成系统的信息资源，按照各自需求配置给供应链各个环节的需求主体。系统的信息资源包括市场信息、技术信息以及产品质量和信誉信息。首先是市场信息，主要包括当前水产品销售价格、市场供应情况、渔业政策、未来农产品市场供求和价格预测等方面的信息。市场信息的提供在一定程度上降低了农户和企业经营的不确定性，从而降低其经营风险。其次是技术信息，水产协会利用其具有专业素质的会员或使用外部知识资源，为会员或会员群体提供专业技术方面的服务，包括生产、包装、加工、保鲜、储运等方面的技术信息。最后是产品质量和信誉信息，主要包括农户的产品质量和违约记录、企业的产品质量认证和信誉等方面的信息，为企业和农户共同营造一个良好的经营环境。

对广州澳洋、阳西益豪等企业的调查发现，在信息供给方面，行业协会起到了重要的作用。这些信息包括一些行业需求及重大事件规范等。影响生产的不利因素主要是原料的数量、品质等，而影响贸易的不利因素则主要是各个出口国的法律法规，如日本在水产用药方面的限制比较多，尤其是鳗鱼的用药。

（2）信息协调职能。信息协调职能是水产协会信息服务的另一个重要表现，主要体现在协调外部行动和实施内部惩罚两方面。就外部协调而言，主要包括协调会员企业的利益关系；协调会员与非会员、会员与消费者以及与其他社会组织之间的关系；协调行业价格，维护公平竞争关系；协调政府与协会之间的关系，向政府反映会员的意见和要求，同时向协会会员传达政府的法规、政策。就内部惩罚而言，主要是规范会员行为，对违规违约的会员实施惩罚，加强行业自律。协会会员既有生产企业，也有加工、购销企业，通过协会的协调和惩罚机制，使相互间的利益分配大体维持在一个双方满意的均衡点上，使不同环节的成员由竞争走向合作。

然而，就目前来说，广东水产协会的发展还处于初级阶段，公信力不够，所以无论是在外部的战略协调上还是在内部的操作规范上，其作用都不是很明显，对于业内的违约行为也没有起到应有的制约作用。

二 主要调研结论

1. 契约形式简单

随着经济的发展，国内经济契约的形式也日益丰富。文献分析中所提及的契约基本存在，但是在农产品供应链，尤其是水产品供应链方面，合作契约的形式还相对简单，这与我国水产品供应链的发展阶段是相适应的。我国现阶段在水产品领域大范围使用的基本上都是批发价格契约，主要有以下几种形式。

（1）固定合约价格 PC。这种契约曾在早期被广泛使用，由于在价格约定方面过于刚性，不能适应市场价格多变的特征，应用日益减少。

（2）随行就市价 P。由于这种契约并不能调节供应链各个节点的价格风险，在需求旺盛的前提下，对于风险规避的小企业或小农户来说，该契约对其收益影响并不大，但是由于该契约能保证销路，可以解决市场需求不确定带给供应链节点的风险，所以仍然得到了广泛的应用。

（3）给定一个价格区间（PL, PH），在区间内实行随行就市。区间外，当高于上限时，实行比市场价稍低但高于上限的价格；当低于下限时，实行比市场价稍高但低于下限的价格。

（4）保护价 PM。当市场价低于保护价时，企业按保护价收购；当市场价高于保护价时，企业按市场价收购。这种价格机制与第三种契约价格类似，可以把 PM 分为 PL 和 PH。当 $P < PL$ 时，企业按 PL 收购，这样可以保护农户或生产商的利益；当 $PH > P > PL$ 时，企业按 P 收购；当 $P > PH$ 时，企业按 PH 收购，这样就可以保护企业的利益。这种价格策略可以实现双向保护，其中 PH、PL 的设置是关键，关系到受保护程度的大小，这最终取决于契约双方博弈的结果。

（5）浮动价 PF。当市场价属于（$PC - a$, $PC + b$）时，按契约价 PC 交易。当 P 高于 $PC + b$ 时，实行浮动价 $PF = PC(1 + x\%) > PC + b$；当 P 低于 $PC - a$ 时，实行浮动价 $PF = PC(1 - y\%) < PC - a$。为了保护农户利益，也可以设 $b < a$，甚至令 $b = 0$。另外，x 和 y 也需要在谈判中确定。现实经济中，这种契约价格应用较少。

2. 违约风险突出

目前，广东地区零售商相对于供应商而言，整体上处于强势地位，这种强势地位主要体现在：存货风险主要由供应商承担，通过收取"通道费"提高赢利的稳定性，占用供应商的资金用于自身的快速扩张。2006 年 11 月 15 日正式实施的《零售商供应商公平交易管理办法》对零售商有了一定的制约，但是应该看到，在市场供过于求的大格局下，零售商的强议价地位不会因为该办法而发生实质性的改变。

由于恶性竞争的存在，供应商得不到多少利润。例如，有时零售商对供应商的商品实行零扣点，只要求其提供价格支持，表面看是平进平出，但考虑到电费、人工成本等，销售成本便会增加，再加上契约费，分摊到各商品，正常下架率、返完点毛利率是多少，要由供应商自己来测算。类似这种商品通常以低价倾销的方式销售，有了销量，却达不到要求；客流量增加，但销售额下降；商品单价过低，导致工作量加大，相应的上货量、人工投入量加大，这些都会引起成本的上升。但零售商很少考虑到这些问题，把成本附加在供应商身上，对供应商的利润会造成一定影响。

这种不平等交易直接导致了违约现象的发生，违约风险的存在，不仅阻碍了广东地区，也包括我国其他地区水产品供应链的健康快速发展。究其原因，除了我国法制信用环境有待完善、企业或农民的从业素质有待提高之外，还有利益与风险分担不合理的因素。

水产品供应链中的企业是一个利益共同体，在供应链整体利润一定的条件下，某些企业利润的提高会导致其他企业利润的降低，某些企业获利水平过低会导致消极合作甚至退出供应链。另外，契约的不同会导致供应链各节点的风险承担比例不同。如在批发价格契约下，由销售商完全承担风险；而在回购契约下，则由双方共同承担风险。当链条上节点企业的风险与收益不成比例时，就会诱发冲突。

3. 其他风险因素

这里主要归纳影响水产品供应链整体风险的社会因素。

（1）加工质量因素。指供应链企业由于没有引进先进技术，或者技术本身的先进性、可靠性、适用性和可得性与预期的方案发生重大变化，致使生产能力利用率降低、生产成本增加、产品质量达不到预期的要求，而导致损失的风险。

（2）市场波动因素。供应链企业的市场风险一般来自三个方面：一是市场供需实际情况与预测发生偏离；二是产品的市场竞争能力或竞争对手的情况发生很大变化；三是原材料的价格与预测价格发生较大偏差。

（3）信息传递因素。当供应链规模日益扩大、结构日趋繁杂时，信息传递延迟及信息传递不准确都会增加，并使整个供应链因此陷入困境。信息风险主要包括逆向选择风险、败德风险及"牛鞭效应"。

（4）物流配送因素。生产过程和运输过程的不稳定将会造成物流配送的延迟，并导致供应物流的中断，从而影响供应链下游企业的运营。

（5）贸易环境因素。目前广东地区的水产品出口贸易环境风险主要是人民币汇率的上升和包括 ISO22000、HACCP 在内的各种食品出口卫生标准体系，以及日益频繁的反倾销调查。

（6）网络结构因素。主要包括分销网络风险（分销商数量、网点分布情况）和供应网络风险（供应商数量、地域分布情况）。

三 调研数据汇总

由于我国真正以水产品供应链的利益为核心进行成功运作的供应链为数极少，大部分情况下，都是根据市场行情和业务需求，各个企业通过契约相互结成购销合作关系，在具体的企业运作中，依旧以自身的利益为重心，即使作为核心企业，也没有完整的面向供应链的历史数据。因而本书的供应链数据，都是通过对供应链各个节点的主要负责人和专家进行面对面的访谈获得的。调查范围主要限制在供应链风险领域，而且主要集中在人力可影响的风险因素上。调查表内容包括确定每一类风险及相关影响因素的发生概率及其危害度，并写明相应的评估指标及其含义。

鉴于缺少专职的供应链风险管理专家，课题组只能以供应链各领域专家为调研对象，以面谈的方式，访问了 13 位供应链相关人员，其中包括 3 名贸易部门的负责人、3 名生产部门的负责人、3 名品质管理部的负责人、3 名供应链高层管理人员以及 1 名水产协会的秘书长。课题组以发调查表的方式向他们提出问题，被访问者根据调查表所列问题相应地提出自己的意见，并提供有关法律法规等资料，课题组汇集整理 13 位被访问者的意见，再将不同意见及其理由反馈给每位被访问者，让他们第二次提出意见，经过多次反复使意见逐步收敛，最后汇总结果（见附表 1 和附表 2）。

第二节　初次风险评估

一　初次评估数据

考虑到风险的两个重要特征——发生概率及其危害度，本书采用双因素分析法计算风险指数 R，来衡量供应链的风险水平。这样既兼顾了发生可能性极小但危害度极大的风险，也顾及了发生可能性很大但危害度较小的风险，比只考虑风险发生可能性大小的单因素计算更加全面。为了方便说明，先从违约风险着手，分别计算其可能性和危害度，再依此类推，计算其他风险，最后进行归总。契约优化前的供应链违约风险发生可能性评估结果和危害度评估结果分别见表 6-1、表 6-2。

表 6-1　违约风险发生可能性评估

一级因素	权重	二级因素	权重	风险发生概率				
				很小	较小	一般	较大	很大
伙伴违约风险	0.30	供货不能或不足	0.2			1	4	8
		以次充好	0.1	1	3	6	3	
		交易价偏离	0.2			6	7	
		利益与风险分享比例偏离	0.2		2	3		8
		契约欺诈	0.1	1	5	5	2	
		订购量偏离	0.1		2	7	1	3
		货款拖欠	0.05	3	7	3		
		奖励与惩罚约定偏离	0.05	12		1		

表 6-2　违约风险危害度评估

一级因素	二级因素	危害评价指标	权重	风险发生概率				
				很小	较小	一般	较大	很大
伙伴违约风险	奖励与惩罚约定偏离	成本	0.3				8	5
		市场占有率	0.2				8	5
		响应速度	0.1	4	4	3	1	1
		客户满意度	0.4	2	2	5	1	3

表 6-1 中的数字表示 13 名被访问者中，由数字所代表的人数给出相应的评估结果，如在该供应链违约风险中契约欺诈风险发生可能性的问题上，有 1 个认为可能性很小，5 个认为可能性较小，5 个认为可能性一般，2 个认为有较大可能。

表 6-2 中，针对供应链中的二级风险指标，按照成本、市场占有率、响应速度及客户满意度指标分别进行评估，如奖励与惩罚约定偏离风险发生后，对供应链响应速度的影响，4 人认为影响很小，也有 4 人认为影响较小，3 人认为影响一般，1 人认为影响较大，还有 1 人认为具有很大影响。

二 初次可能性评估

首先以表 6 - 1 为例，计算违约风险发生的可能性，并采用同样的方法计算其他一级因素的发生可能性，在此基础上，给出供应链风险发生可能性的评估结果。

下面以违约风险为例进行计算，违约风险影响因素有 8 个：供货不能或不足、以次充好、交易价偏离、利益与风险分享比例偏离、契约欺诈、订购量偏离、货款拖欠、奖励与惩罚约定偏离，因此建立因素集 $U = \{u1 \quad u2 \quad u3 \quad u4 \quad u5 \quad u6 \quad u7 \quad u8\}$。

对风险发生可能性的评语集进行描述，$\{$很小　较小　一般　较大　很大$\}$，并给以量值，设评语集 $B = \{b1 \quad b2 \quad b3 \quad b4 \quad b5\} = (0.1 \quad 0.3 \quad 0.5 \quad 0.7 \quad 0.9)$。

根据表 6 - 1 建立 U 到 B 的评价矩阵 R，整理数据得到矩阵为：

$$R = \begin{pmatrix} 0 & 0 & \frac{1}{13} & \frac{4}{13} & \frac{8}{13} \\ \frac{1}{13} & \frac{3}{13} & \frac{6}{13} & \frac{3}{13} & 0 \\ 0 & 0 & \frac{6}{13} & \frac{7}{13} & 0 \\ 0 & \frac{2}{13} & \frac{3}{13} & 0 & \frac{8}{13} \\ \frac{1}{13} & \frac{5}{13} & \frac{5}{13} & \frac{2}{13} & 0 \\ 0 & \frac{2}{13} & \frac{7}{13} & \frac{1}{13} & \frac{3}{13} \\ \frac{3}{13} & \frac{7}{13} & \frac{3}{13} & 0 & 0 \\ \frac{12}{13} & 0 & \frac{1}{13} & 0 & 0 \end{pmatrix}$$

由于没有相应的历史数据，二级因素的权重由专家给定：

$$\omega = (0.2 \quad 0.1 \quad 0.2 \quad 0.2 \quad 0.1 \quad 0.1 \quad 0.05 \quad 0.05)$$

两者结合得：

$$S = \omega \cdot R = \begin{pmatrix} 0.2 & 0.1 & 0.2 & 0.2 \\ 0.1 & 0.1 & 0.05 & 0.05 \end{pmatrix} \begin{pmatrix} 0 & 0 & \frac{1}{13} & \frac{4}{13} & \frac{8}{13} \\ \frac{1}{13} & \frac{3}{13} & \frac{6}{13} & \frac{3}{13} & 0 \\ 0 & 0 & \frac{6}{13} & \frac{7}{13} & 0 \\ 0 & \frac{2}{13} & \frac{3}{13} & 0 & \frac{8}{13} \\ \frac{1}{13} & \frac{5}{13} & \frac{5}{13} & \frac{2}{13} & 0 \\ 0 & \frac{2}{13} & \frac{7}{13} & \frac{3}{13} & \frac{3}{13} \\ \frac{3}{13} & \frac{7}{13} & \frac{3}{13} & 0 & 0 \\ \frac{12}{13} & 0 & \frac{1}{13} & 0 & 0 \end{pmatrix}$$

$$= \begin{pmatrix} \frac{19}{260} & \frac{35}{260} & \frac{80}{260} & \frac{56}{260} & \frac{70}{260} \end{pmatrix}$$

所以，违约风险发生的可能性 P_f 为：

$$P_f = S \cdot B^T = \begin{pmatrix} \frac{19}{260} & \frac{35}{260} & \frac{80}{260} & \frac{56}{260} & \frac{70}{260} \end{pmatrix} \begin{pmatrix} 0.1 \\ 0.3 \\ 0.5 \\ 0.7 \\ 0.9 \end{pmatrix} = 0.595$$

同理，贸易环境风险、加工技术风险、终端市场风险、物流配送风险、信息传递风险、网络结构风险的发生可能性依次为：0.734、0.651、0.592、0.557、0.548、0.520。根据各个一级因素在供应链风险中所占的比重，可得总的供应链风险发生的可能性为：

$$P_f = (0.592 \quad 0.548 \quad 0.557 \quad 0.651 \quad 0.734 \quad 0.595 \quad 0.520) \begin{pmatrix} 0.08 \\ 0.15 \\ 0.10 \\ 0.15 \\ 0.20 \\ 0.30 \\ 0.02 \end{pmatrix} = 0.575$$

三　初次危害度评估

首先以表 6 - 2 为例，计算违约风险的危害度，并采用同样的方法计算其他一级因素危害度，在此基础上，给出供应链风险总危害度评估结果。

下面仍以违约风险为例进行计算，违约风险影响因素有 8 个：供货不能或不足、以次充好、交易价偏离、利益与风险分享比例偏离、契约欺诈、订购量偏离、货款拖欠、奖励与惩罚约定偏离，这里先对供货不能或不足的危害度进行评估。

根据成本、市场占有率、响应速度、客户满意度设定因素集 $V = \{v1 \quad v2 \quad v3 \quad v4\}$。依照这些因素，设计相关的评语集 {很小　较小　一般　较大　很大} 进行描述，并给以量值，设评语集 $C = \{c1 \quad c2 \quad c3 \quad c4 \quad c5\} = (0.1 \quad 0.3 \quad 0.5 \quad 0.7 \quad 0.9)$。

根据表 6 - 2 供货不能或不足的危害度评估结果，对其进

行 V 到 C 的评价，得到关系矩阵 $R_1{}'$ 为：

$$R_1{}' = \begin{pmatrix} 0 & 0 & 0 & \dfrac{8}{13} & \dfrac{5}{13} \\ 0 & 0 & 0 & \dfrac{8}{13} & \dfrac{5}{13} \\ 0 & 0 & 0 & 0 & 1 \\ 0 & 0 & 0 & 0 & 1 \end{pmatrix}$$

根据评语集的权重，$\omega' =$（0.3　0.2　0.1　0.4），则易得：

$$S_1{}' = \omega' \cdot R_1{}' = (0.3\ 0.2\ 0.1\ 0.4)\begin{pmatrix} 0 & 0 & 0 & \dfrac{8}{13} & \dfrac{5}{13} \\ 0 & 0 & 0 & \dfrac{8}{13} & \dfrac{5}{13} \\ 0 & 0 & 0 & 0 & 1 \\ 0 & 0 & 0 & 0 & 1 \end{pmatrix} = \left(0\ 0\ 0\ \dfrac{4}{13}\ \dfrac{9}{13} \right)$$

重复上述步骤，可得违约风险的其他二级因素的评价子集 $S_2{}'$，…，$S_8{}'$，最终获得违约风险危害度的评价矩阵为：

$$S' = \begin{pmatrix} S_1{}' \\ S_2{}' \\ S_3{}' \\ S_4{}' \\ S_5{}' \\ S_6{}' \\ S_7{}' \\ S_8{}' \end{pmatrix} = \begin{pmatrix} 0 & 0 & 0 & 0.308 & 0.692 \\ 0.208 & 0.115 & 0.077 & 0.108 & 0.492 \\ 0.369 & 0.054 & 0.077 & 0.446 & 0.054 \\ 0.041 & 0.062 & 0.200 & 0.300 & 0.377 \\ 0 & 0 & 0 & 0 & 1 \\ 0 & 0 & 0.401 & 0.238 & 0.361 \\ 0.108 & 0.2 & 0.290 & 0.192 & 0.208 \\ 0.154 & 0.092 & 0.346 & 0.315 & 0.093 \end{pmatrix}$$

结合违约风险二级因素的权重 $\omega =$（0.2　0.1　0.2　0.2

0. 1　0. 1　0. 05　0. 05）可得：

$$M = \omega \cdot S' = (0.112 \quad 0.049 \quad 0.143 \quad 0.272 \quad 0.424)$$

结合危害评语集 C，可得违约风险对供应链的危害度为：

$$C_f = M \cdot C^T = 0.6694$$

同理，其他一级因素贸易环境风险、加工技术风险、伙伴违约风险、物流配送风险、终端市场风险、信息传递风险、网络结构风险的危害度依次为：0. 713、0. 710、0. 670、0. 592、0. 561、0. 533、0. 524。结合各个一级因素的权重，易得总的危害度为：

$$C_f = (0.713 \quad 0.710 \quad 0.670 \quad 0.592 \quad 0.561 \quad 0.533 \quad 0.524) \begin{pmatrix} 0.20 \\ 0.15 \\ 0.30 \\ 0.10 \\ 0.08 \\ 0.15 \\ 0.02 \end{pmatrix} = 0.6446$$

第三节　二次风险评估

根据风险传递理论，供应链风险由供应链各个因素累积而成，其中自身风险较大，且对整体供应链风险具有较大影响权重的因素起着关键的作用。如果通过合理的制度安排，可以使这些因素的风险降低或者降低它们的权重，则将促使供应链整体风险的下降。本书根据现有供应链契约，从信息相关性和风险偏好相关性角度考虑，对契约进行优化，并返回给上述被访问者，调研结果见附表3和附表4。附表中带 * 的因素表示在契约优化前后具有明显变化。

一 二次调研数据

通过附表3，易知优化后的契约对伙伴违约风险的发生具有明显的抑制作用，对于信息传递风险、物流配送风险、网络结构风险也具有一定的影响（见表6-3）。相对于契约优化对风险可能性的显著影响，在风险的危害度方面作用较小。根据调研结果，在二级因素中，危害度的减小主要表现为成本影响的降低，且集中在交易价偏离、订购量偏离上（见表6-4），在逆向选择、败德行为、供货不能或不足、以次充好、利益与风险分享比例偏离、货款拖欠、奖励与惩罚约定偏离、供应网络风险、分销网络风险方面也有一定的影响。

表6-3 违约风险发生可能性评估

一级因素	权重	二级因素	权重	风险发生概率				
				很小	较小	一般	较大	很大
伙伴违约风险	0.30	供货不能或不足*	0.2	4		2	5	2
		以次充好*	0.1	4	6	3		
		交易价偏离*	0.2		7	6		
		利益与风险分享比例偏离*	0.2	2	5	4	2	
		契约欺诈	0.1	1	5	5	2	
		订购量偏离*	0.1	3	7	2		1
		货款拖欠*	0.05	6	5	2		
		奖励与惩罚约定偏离*	0.05	13				

注：*表示契约优化后风险有变动。

表 6 - 4　违约风险危害度评估

一级因素	二级因素	危害评价指标	权重	风险发生概率			
				很小	较小	一般	较大
伙伴违约风险	交易价偏离*	成本*	0.3	10	3		
		市场占有率	0.2	9	2		2
		响应速度*	0.1	4	5	3	1
		客户满意度*	0.4		3	5	5

注：* 表示契约优化后风险有变动。

二　二次可能性评估

本部分仍以违约风险发生的可能性为实证对象，按上节双因素分析法，可得：

$$S = \omega \cdot R = \begin{pmatrix} 0.2 & 0.1 & 0.2 & 0.2 \\ 0.1 & 0.1 & 0.05 & 0.05 \end{pmatrix} \begin{pmatrix} \frac{4}{13} & 0 & \frac{2}{13} & \frac{5}{13} & \frac{2}{13} \\ \frac{4}{13} & \frac{6}{13} & \frac{3}{13} & 0 & 0 \\ 0 & \frac{7}{13} & \frac{6}{13} & 0 & 0 \\ \frac{2}{13} & \frac{5}{13} & \frac{4}{13} & \frac{2}{13} & 0 \\ \frac{1}{13} & \frac{5}{13} & \frac{5}{13} & \frac{2}{13} & 0 \\ \frac{3}{13} & \frac{7}{13} & \frac{2}{13} & 0 & \frac{1}{13} \\ \frac{6}{13} & \frac{5}{13} & \frac{2}{13} & 0 & 0 \\ 1 & 0 & 0 & 0 & 0 \end{pmatrix}$$

$$= (0.227 \quad 0.342 \quad 0.270 \quad 0.123 \quad 0.038)$$

此时，违约风险发生的可能性 P_f 为：

$$P_f = S \cdot B^T = (0.227 \quad 0.342 \quad 0.270 \quad 0.123 \quad 0.038) \begin{pmatrix} 0.1 \\ 0.3 \\ 0.5 \\ 0.7 \\ 0.9 \end{pmatrix} = 0.380$$

同理，贸易环境风险、加工技术风险、终端市场风险、物流配送风险、信息传递风险、网络结构风险的发生可能性依次为：0.734、0.651、0.592、0.363、0.508、0.479。根据各个一级因素在供应链风险中所占的比重，可得总的供应链风险发生的可能性为：

$$P_f = (0.592 \quad 0.508 \quad 0.363 \quad 0.651 \quad 0.734 \quad 0.380 \quad 0.479) \begin{pmatrix} 0.08 \\ 0.15 \\ 0.10 \\ 0.15 \\ 0.20 \\ 0.30 \\ 0.02 \end{pmatrix} = 0.528$$

可见，随着违约风险发生的可能性从 0.595 降到 0.380，供应链整体风险发生的可能性也从 0.575 下降到 0.528。

三　二次危害度评估

这里选取交易价偏离的危害度作为计算对象。采用上一节的计算方法，易知关系矩阵 $R_3{}'$ 为：

$$R_3' = \begin{pmatrix} \dfrac{10}{13} & \dfrac{3}{13} & 0 & 0 & 0 \\[2mm] \dfrac{9}{13} & \dfrac{2}{13} & 0 & \dfrac{2}{13} & 0 \\[2mm] \dfrac{4}{13} & \dfrac{5}{13} & \dfrac{3}{13} & \dfrac{1}{13} & 0 \\[2mm] 0 & \dfrac{3}{13} & \dfrac{5}{13} & \dfrac{5}{13} & 0 \end{pmatrix}$$

根据评语集的权重，$\omega' = (0.3 \quad 0.2 \quad 0.1 \quad 0.4)$，则易得：

$$S_3' = \omega' \cdot R_3' = (0.3 \quad 0.2 \quad 0.1 \quad 0.4) \begin{pmatrix} \dfrac{10}{13} & \dfrac{3}{13} & 0 & 0 & 0 \\[2mm] \dfrac{9}{13} & \dfrac{2}{13} & 0 & \dfrac{2}{13} & 0 \\[2mm] \dfrac{4}{13} & \dfrac{5}{13} & \dfrac{3}{13} & \dfrac{1}{13} & 0 \\[2mm] 0 & \dfrac{3}{13} & \dfrac{5}{13} & \dfrac{5}{13} & 0 \end{pmatrix}$$

$$= (0.400 \quad 0.231 \quad 0.177 \quad 0.192 \quad 0)$$

重复上述步骤，可得违约风险的其他二级因素的评价子集 S_1'，S_2'，$\cdots$，S_8'，最终获得违约风险危害度的评价矩阵为：

$$S' = \begin{pmatrix} S_1' \\ S_2' \\ S_3' \\ S_4' \\ S_5' \\ S_6' \\ S_7' \\ S_8' \end{pmatrix} = \begin{pmatrix} 0 & 0 & 0 & 0.352 & 0.648 \\ 0.323 & 0.140 & 0.069 & 0.094 & 0.437 \\ 0.369 & 0.054 & 0.077 & 0.446 & 0.054 \\ 0.041 & 0.062 & 0.204 & 0.308 & 0.365 \\ 0 & 0 & 0 & 0 & 1 \\ 0.076 & 0.539 & 0.323 & 0.062 & 0 \\ 0.108 & 0.152 & 0.190 & 0.331 & 0.219 \\ 0.154 & 0.015 & 0.317 & 0.363 & 0.151 \end{pmatrix}$$

结合违约风险二级因素的权重 ω = （0.2　0.1　0.2
0.2　0.1　0.1　0.05　0.05），可得：

$$M = \omega \cdot S' = (0.135 \quad 0.100 \quad 0.121 \quad 0.272 \quad 0.372)$$

结合危害评语集 C，可得违约风险对供应链的危害度为：

$$C_f = M \cdot C^T = 0.6292$$

同理，其他一级因素贸易环境风险、加工技术风险、伙伴违约风险、物流配送风险、终端市场风险、信息传递风险、网络结构风险的危害度依次为：0.713、0.710、0.630、0.592、0.561、0.521、0.487。结合各个一级因素的权重，易得总的危害度为：

$$C_f = (0.713 \quad 0.710 \quad 0.630 \quad 0.592 \quad 0.561 \quad 0.521 \quad 0.487) \begin{pmatrix} 0.20 \\ 0.15 \\ 0.30 \\ 0.10 \\ 0.08 \\ 0.15 \\ 0.02 \end{pmatrix} = 0.6301$$

可见，对于降低供应链风险的危害度方面，契约优化的作用并不明显。

第四节　本章小结

本章是对第四章、第五章契约优化后的实践检验。首先介绍了课题小组对广东地区水产品供应链的调研情况，给出了该供应链的结构和各个节点的具体功能，采用调查问卷和专家访谈的形式，分成两次调研，获得了契约优化前后的两组数据。其次基于这两组数据分别采用双因素分析法，从风险发生的可能性和风险产生的危害度两方面对比研究了契约优化前后对供应链风险产生的影响，指出契约优化在降低风险发生的可能性方面作用明显，而在降低风险产生的危害度方面的作用并不显著。

第七章
结　　语

本书研究内容主要分五部分。

第一部分首先界定了风险的内涵，明确了风险的三个组成部分：风险因素、风险事故和风险损失，以及它们的相互关系。在此基础上，结合我国农产品供应链的结构和特点及存在的问题，把供应链风险定义为：在特定的客观条件下，在特定的时期内，由内部风险因素引起的风险事件的发生，影响了供应链预期的正常运行，使供应链整体或系统面临损失的可能性。进而分析了供应链风险的特点，指出契约在其中扮演的关键角色。其次研究了契约从古典契约到新古典契约再到关系型契约的发展历程，阐述了契约所具有的功能和我国农产品供应链契约作用大打折扣的深层次原因——居高不下的违约率。最后结合上述分析内容，探讨了在供应链运作过程中，发生违约现象的内外原因，重点分析了内部可控因素，评估了违约对供应链上下游节点的影响，相应地提出了建立动态契约体系和完善契约设计的防范措施。

第二部分首先通过文献分析和实证调研，按照供应链是否形成产业链功能将现有供应链分为两大类：传统松散型供应链和紧密型供应链，并据此将供应链的控制模式分为集中控制模式和分散控制模式两种，进而提出了通过契约优化，改造分散控制下的供应链契约，使其在获取最大整体收益的同时，最大化节点收益的研究方向。其次提供了对不完全契约进行优化的依据，并给出了契约优化的基本假设，列举了相关参数和研究范围。最后研究了契约双方在信息对称、风险偏好中性且需求确定情况下的买卖协调问题。

第三部分总体上从两个角度考虑契约设计问题，前半部分针对供应链信息共享比较充分的情况，研究了批发价格契约在分散控制和集中控制下的收益差异，指出只有当批发价 w 等于供应商的成本 c 时，供应链的整体收益才等于集中控制下的集成供应链收益水平。但此时供应商的收益等于 0，所以分散控制下的供应链整体收益必然低于集中控制下的收益水平。后半部分主要分析了基于委托－代理模型的供应链信息不对称情况下的利益共享模型，指出销售商可以采用契约菜单的形式使得供应商自动提供真实的生产成本信息。

第四部分主要分析了供应商风险中性而销售商风险中性或规避情况下的回购契约问题。通过分析认为，调整批发价格和退货价格可以调整风险在供应商和销售商之间的分配，从而刺激销售商增加订购量。如果供应商属于风险中性类型而销售商属于风险厌恶类型，则供应商可以向销售商提供一个较高的批发价格和一个较高的补偿价格，从而降低销售商承担的风险，保证销售商有一个较为稳定的收入，并使供应商享受大部分的剩余索取和承担大部分的风险。如果销售商没有达到规定的努力程度，供应商可以给予其一定的惩罚。因此，这个稳定的收入等于在帕累托最优情况下销售商的努力得到的保底值。

第五部分是对第三部分、第四部分契约优化后的实践检验。首先介绍了课题小组对广东地区水产品供应链的调研情况，给出了该供应链的结构和各个节点的具体功能，采用调查问卷和专家访谈的形式，分成两次调研，获得了契约优化前后的两组数据。其次基于这两组数据分别采用双因素分析法，从风险发生的可能性和风险产生的危害度两方面对比研究了契约优化前后对供应链风险产生的影响，指出契约优化在降低风险发生的可能性方面作用明显，而在降低风险产生的危害度方面的作用并不显著。

本书以供应链中契约的利益与风险协调作用及其对供应链风险的影响为核心，针对现阶段农产品供应链的典型二级结构，通过契约个案研究，解决供应链契约优化决策问题，并以此降低供应链风险。随着农业产业化进程的加速，更多的供应链结构形式和契约类型会不断涌现，这将为本书的研究提供更宽广的平台。

目前，供应链契约研究依旧局限在一定的范围之内，还有很多在实际中运用得非常有效的供应链契约，因为其过于复杂难以被模型化而没有被学者们加以研究，因此，本书所描述的供应商和销售商构成的两级供应链是最简单的供应链，如果将供应链契约的研究拓展到供应商和零售商之间多对多、一对多的情况，甚至是多周期、多产品种类、多层次的供应链网络结构，则问题将复杂得多。另外，当前的供应链契约研究中，一般都是假设生产商或者供应商的生产、供应能力为无限，很少有文献考虑到对生产能力的约束，然而在实际中企业的生产能力往往是有限的。如何合理安排生产能力，提高资源的利用率，降低成本，在很多时候是企业非常关注的问题，因此研究生产能力约束下的供应链协作更具有实践意义。

就本书而言，需要进一步研究的内容有四个方面。

第一，虽然本书已经考虑了信息不对称问题，但是私有信息的表现形式多种多样，除了生产信息不对称外，还有需求信息、价格信息等不对称的情况需要考虑。如何能够综合各种不对称的情况，研究其对履约率的影响，是一个重要课题。

第二，虽然本书也考虑了缔约方的风险态度，但是仅仅考虑了供应商风险中性而销售商风险规避的情况，还有其他五种情况需要考虑，而且仅涉及回购契约，其他契约如数量柔性契约、最低订购量契约、数量折扣契约等都没有涉及。

第三，从实际应用角度出发，契约的优化需要以契约原型为基础，采用同一个契约，同时考虑信息不对称因素和风险偏好因素。然而，由于时间有限，本书并没有同时考虑，而是分别考虑这两个因素。

第四，虽然当前的供应链契约模型从理论上来说能够实现供应链的协作，但是针对供应链契约的实证研究却非常缺乏，对于如何在实践中实施供应链契约缺乏指导性的经验。本书针对供应链风险所做的实证仅仅基于两次调研的数据，这是因为所调研的供应链并没有完整的历史数据，甚至连当年的数据也缺乏，所获得的数据也仅仅来源于个别核心节点企业。总的来看，供应链契约的实证研究受制于我国供应链整体的发展阶段。

参 考 文 献

[1] Mark David, "How is the SARS Virus Infecting the Supply Chain? Will You be Affected? ", *Electronic Design*, May 12, 2003, Vol. 51, Iss. 10.

[2] Jayashankar M. Swaminathan, "SARS Exposes Risks of Global Supply Chains", *Journal of Commerce*, Jun. 9, 2003.

[3] EBN Staff, "Supply Chain at Risk", www. ebnonline. com, Sep. 27, 1999.

[4] Michael Bradford, "Keeping Risks from Breaking Organizations' Supply Chains: Complex Exposure Suppliers, Keeping Chain Intact Suppliers, Fewer Vendors is Better", *Business Insurance*, Aug. 4, 2003, Vol. 37, Iss. 31.

[5] 马士华:《如何面对风险: 供应链企业的风险防范机制》, http: //www. chinabyte. net, 2002 年 12 月 12 日。

[6] 丁伟东、刘凯、贺国先:《供应链风险研究》,《中国安全科学学报》2003 年第 4 期。

[7] 姚军:《供应链的风险及其防范》,《辽宁师范大学学

报》（自然科学版）2003 年第 4 期。

[8] 李晓英、陈维政:《供应链风险形成机理研究》,《中国流通经济》2003 年第 9 期。

[9] Gavin Souter, "Risks from Supply Chain also Demand Attention", *Business Insurance*, May 15, 2000, Vol. 34, Iss. 20.

[10] Red Lodge, Mont, *Risk: The Weak Link in Your Supply Chain*, Harvard Business School Publishing Corporation, 2003.

[11] 党夏宁:《供应链风险因素的分析与防范》,《现代管理》2003 年第 6 期。

[12] 赵晶、郑称德:《基于第三方管理机制的"准事制"供应链》,《经济管理·新管理》2003 年第 12 期。

[13] 王勇、陈俊芳:《供应链事件管理——从技术到方法》,《预测》2004 年第 1 期。

[14] 杜鹏:《供应链的风险及分配模型》,《内蒙古科技与经济》2002 年第 3 期。

[15] Rodd Zolkos, "Supply Chain Management Calls for Close Look at Risks", *Business Insurance*, Apr. 29, 2002, Vol. 36, Iss. 17.

[16] Rodd Zolkos, "Attention to Supply-chain Risks Grows", *Business Insurance*, Jul. 2003, Vol. 37, Iss. 30.

[17] Institute of Management and Administration, "Purchasing's New Supply Chain Mgmt Focus Means Rethinking Risks", Selection & Management Report, Feb. 2002.

[18] 何宾、贾怀京:《有效市场竞争对供应链中道德风险的

制约》,《安徽师范大学学报》(人文社会科学版) 2004 年第 3 期。

[19] 韩东东、施国洪、马汉武:《供应链管理中的风险防范》,《工业工程》2002 年第 3 期。

[20] 江林、周海蛟:《供应链管理的风险及控制》,《成人高教学刊》2003 年第 5 期。

[21] 常广庶:《供应链管理中供应链信心问题的研究》,《上海质量》2003 年第 2 期。

[22] 董秋云:《供应链管理实施的风险问题》,《管理理论》2004 年第 3 期。

[23] 倪燕翎、李海婴、燕翔:《供应链风险管理与企业风险管理之比较》,《物流技术》2004 年第 12 期。

[24] 贾燕、王润孝、杨波:《基于遗传算法的供应链中风险问题的研究》,《中国机械工程》2001 年第 12 期。

[25] 解琨、刘凯:《供应链库存管理中的风险问题研究》,《中国安全科学学报》2003 年第 5 期。

[26] 马新安、张列平、冯芸:《供应链合作伙伴关系与合作伙伴选择》,《工业工程与管理》2000 年第 4 期。

[27] 杨红芬、吕安洪、李琪:《供应链管理中的信息风险及对策分析》,《商业经济与管理》2002 年第 2 期。

[28] 肖智慧、朱煜、汝宜红:《加强家电企业供应链中的风险管理》,《家电科技》2002 年第 11 期。

[29] 马林、沈祖志:《中小企业供应链管理的汇率风险决策分析》,《大连理工大学学报》(社会科学版) 2004 年第 2 期。

[30] Ferguson, Renee Boucher, "Modules on Supply Chain

Risk", *eWeek*, 2004, Vol. 21, Iss. 3.

[31] Roshan Gaonkar, N. Viswanadham, "A Conceptual and Analytical Framework for the Management of Risk in Supply Chain", Proceedings of the 2004 IEEE International Conference on Robotics and Automation, ICRA 2004, April 26-May 1, 2004, New Orleans, LA, USA.

[32] 张存禄、黄培清:《数据挖掘在供应链风险控制中的应用研究》,《科学学与科学技术管理》2004 年第 1 期。

[33] 杨德礼、郭琼、何勇、徐经意:《供应链契约研究进展》,《管理学报》2006 年第 1 期。

[34] Whang S., "Coordination in Operation: A Taxonomy", *Journal of Operations Management*, 1995, 12.

[35] 王迎军:《供应链管理实用建模方法及数据挖掘》,清华大学出版社,2001。

[36] Pasternack B. A., "Optimal Pricing and Returns Policies for Perishable Commodities", *Marketing Science*, 1985, 4.

[37] Gerard P. Cachon, Martin A. Larivicre, "Contracting to Assure Supply: How to Share Demand Forecasts in a Supply Chain", *Management Science*, 2001, 47 (5).

[38] Dawn Barnes-Schuster, Ychuda Bassok, Ravi Anupindi, "Coordination and Flexibility in Supply Contracts with Options", *Manufacturing and Service Operations Management*, 2002, 4 (3).

[39] 李应、杨善林、郑家强:《供应链契约柔性研究》,《商业研究》2007 年第 11 期。

[40] A. Tsay, S. Nahmias and N. Agrawal, "Modeling Sup-

ply Chain Contracts: A Review", In *Quantitative Models for Supply Chain*, Kluwer Academic, Boston, 1999.

[41] Cachon, G. , "Supply Chain Coordination with Contracts", In *Handbooks in Operations Research and Management Science: Supply Chain Management*, 2003, Elsevier Publishing Company.

[42] Bresnahan, T. and P. Reiss, "Dealer and Manufacturer Margins", *Rand Journal of Economics*, 1985, 16 (2) .

[43] M. A. Lariviere, *Supply Chain Contracting and Coordination with Stochastic Demand*, *Quantitative Models for Supply Chain Management*, Kluwer Academic Publishers, Boston, 1999.

[44] Lariviere, M. and E. Porteus, "Selling to the Newsvendor: An Analysis of Price-only Contracts", *Manufacturing and Service Operations Management*, 2001, 3 (4) .

[45] Cho R. and Y. Gerchak, "Efficiency of Independent Downstream Firm could Counteract Coordination Difficulties", University of Warteloo Working Paper, 2001.

[46] Bernstein, F. and F. Chen, et al. , "Vendor Managed Inventories and Supply Chain Coordination: The Case with One Supplier and Competing Retailers", Duke University Working Paper, 2002.

[47] J. P. Monahan, "A Quantitative Discount Pricing Model to Increase Vendor Profits", *Management Science*, 1984, 30.

[48] M. J. Rosenblatt and H. L. Lee, "Improving Profitability

with Quantity Discounts Under Fixed Demand", *IIE Transactions*, 1985, 17 (4).

[49] H. L. Lee and M. J. Rosenblatt, "A Generalized Quantity Discount Pricing Model to Increase Supplier's Profits", *Management Science*, 1986, 30.

[50] A. Banerjee, "A Joint Economic-lot-size Model for Purchaser and Vendor", *Decision Science*, 1986, 17.

[51] A. P. Jeuland and S. M. Shugan, "Managing Channel Profits", *Marketing Science*, 1983, 2.

[52] Z. K. Weng, "Channel Coordination and Quantity Discounts", *Management Science*, 1995, 41.

[53] Z. K. Weng, "Pricing and Ordering Strategies in Manufacturing and Distribution Alliances", *IIE Transactions*, 1997, 29.

[54] Z. K. Weng, "Coordination Strategies for Aligning Divergent Interests in a Manufacturing and Distribution Supply Chain", School of Business, University of Wisconsin-Madison Working Paper, 1997.

[55] Weng, Z. K. and Wong, R. T., "General Models for the Supplier's All-unit Quantity Methods", *European Journal of Operational Research*, 1993, 50.

[56] B. A. Pasternack, "Optimal Pricing and Return Policies for Perishable Commodities", *Marketing Science*, 1985, 4.

[57] 王利、徐锦林:《返利条件下利润最大化的销售量决策》,《华东船舶工业学院学报》1999 年第 6 期。

[58] 王利、孔宇锋:《返利条件下多品种组合销售量决策》,

《华东船舶工业学院学报》（自然科学版）2002 年第 3 期。

[59] 张龙、宋士吉、刘连臣、吴澄：《供需链系统的协调机制与风险分配》，《清华大学学报》（自然科学版）2004 年第 4 期。

[60] E. Kandel, "The Right to Return", *Journal of Law and Economics*, 1996, 39.

[61] H. Emmons and S. M. Gilbert, "Returns Policies in Pricing and Inventory Decisions for Catalogue Goods", *Management Science*, 1998, 44 (2).

[62] V. Padmanabhan and I. P. L. Png, "Returnspolicies: Make Money by Making Good", *Sloan Management Review*, 1995, 37.

[63] S. Webster and Z. K. Weng, "A Risk-free Perishable Item Returns Policy", *Manufacturing & Service Operations Management*, 2000, 2.

[64] A. A. Tsay, "Risk Sensitivity in Distribution Channel Partnerships: Implications for Manufacturer Return Policies", *Journal of Retailing*, 2002, 78.

[65] M. K. Mantrala and K. Raman, "Demand Uncertainty and Supplier's Return Policies for a Multi-store Style-good Retailer", *European Journal of Operational Research*, 1999, 115.

[66] H. S. Lau and A. Hing-Ling Lau, "Manufacturer's Pricing Strategy and Return Policy for a Single-period Commodity", *European Journal of Operational Research*, 1999,

116.

[67] S. Davis, M. Hagerty and E. Gerstner, "Return Policies and the Optimal Level of 'Hassle'", *Journal of Economics and Business*, 1998, 50.

[68] K. Donohue, "Efficient Supply Contracts for Fashion Goods with Forecast Updating and Two Production Modes", *Management Science*, 2000, 46.

[69] Emmons, Gilbert, "Returns Policies: Make Money by Making Good", *Sloan Management Review*, 1995, Fall.

[70] C. X. Wang, "A General Framework of Supply Chain Contract Models", *Supply Chain Management: An International Journal*, 2002, 7 (S).

[71] A. A. Tsay, "The Quantity Flexibility Contract and Supplier-customer Incentives", *Management Science*, 1999, 45.

[72] S. Chopra and P. Meindl, *Supply Chain Management*, Prentice-Hall, 2001.

[73] S. Signorelli and J. L. Heskett, "Benetton (A)", Harvard Business School Case 9 – 685 – 0141, 1984.

[74] M. A. Lariviere, *Supply Chain Contracting and Coordination with Stochastic Demand*, *Quantitative Models for Supply Chain Management*, Kluwer Academic Publishers, Boston, 1999.

[75] A. A. Tsay and W. S. Lovejoy, "Quantity Flexibility Contracts and Supply Chain Performance", *Manufacturing and Service Operations Management*, 1999, 1 (2).

[76] Y. Bassok, R. Anupindi, "Analysis of Supply Contracts with Commitments and Flexibility", University of Southern California Working Paper, 1997.

[77] R. Anupindi and Y. Bassok, "Analysis of Supply Contracts with Total Minimum Commitment and Flexibility", Proceedings of 2nd International Symposium in Logistics, University of Nottingham, UK, 1995.

[78] C. Li and P. Kouvelis, "Flexible and Risk-sharing Supply Contracts under Price Uncertainty", Washington University Working Paper, 1997.

[79] S. K. Das and L. Abdel-Malek, "Modeling the Flexibility of Order Quantities and Lead-times in Supply Chains", International Journal of Production Economics, 2003, 85.

[80] Y. Bassok and R. Anupindi, "Analysis of Supply Contracts with Forecasts and Flexibility", Northwestern University Working Paper, 1995.

[81] G. Cachon and M. Lariviere, "Contracting to Assure Supply: How to Share Demand Forecasts in a Supply Chain", Management Science, 2001, 47 (S).

[82] M. Lariviere, "Inducing Forecast Revelation through Restricted Returns", Northwestern University Working Paper, 2002.

[83] E. Plambeck and T. Taylor, "Sell the Plant? The Impact of Contract Manufacturing on Innovation, Capacity and Profitability", Stanford University Working Paper, 2002.

[84] J. H. Mortimer, "The Effects of Revenue-sharing Contracts

on Welfare in Vertically Separated Markets: Evidence from the Video Rental Industry", University of California at Los Angeles Working Paper, Los Angeles, CA, 2000.

[85] G. Cachon and M. Lariviere, "Supply Chain Coordination with Revenue-sharing Contracts: Strengths and Limitations", University of Pennsylvania Working Paper, 2002.

[86] J. Dana and K. Spier, "Revenue Sharing and Vertical Control in the Video Rental Industry", *The Journal of Industrial Economics*, 2001, 49 (3).

[87] B. Pasternack, "Using Revenue Sharing to Achieve Channel Coordination for a Newsboy Type Inventory Model", CSU Fullerton Working Paper, 1999.

[88] D. James, J. Dana and K. Spier, "Revenue Sharing, Demand Uncertainty and Vertical Control of Competing Firms", Kellogg Graduate School of Management Working Paper, 1999.

[89] Y. Gerchak and Y. Wang, "Revenue-sharing vs. Wholesale-price Contracts in Assembly Systems with Random Demand", University of Waterloo Working Paper , 2000.

[90] Y. Gerchak, R. Chao and S. Ray, "Coordination and Dynamic Shelf-space Management of Video Movie Rentals", University of Waterloo Working Paper, 2001.

[91] I. Giannoccaro and P. Pontrandolfo, "Supply Chain Coordination by Revenue Sharing Contracts", *International Journal of Production Economics*, 2004.

[92] Y. Li, "Supply Chain Modeling: Pricing, Contracts and Coordination", PH. D Dissertation, Division of SEEM, Chinese University of Hong Kong, 2002.

[93] Z. Chang and F. Jiang, "E-Supply Chain Incentive and Coordination Based on Revenue Sharing Contract", *Journal of Shanghai Jiaotong University* (Science), 2004, E – 9 (1).

[94] 柳键、马士华:《供应链合作及其契约研究》,《管理工程学报》2004 年第 1 期。

[95] M. Harris and A. Raviv, "Optimal Incentive Contracts with Imperfect Information", *Journal of Economic Theory*, 1979, 2 (3).

[96] I. Macho-Stadler and J. D. Perez-Castrillo, *An Introduction to the Economics of Information: Incentives and Contracts*, Oxford University Press, 2001.

[97] M. R. Frascatore and F. Mahmoodi, "Long-term and Penalty Contracts in a Two-stage Supply Chain with Stochastic Demand", Clarkson University Working Paper, Potsdam, New York, 2003.

[98] 王玮、汪定伟、柴跃廷:《准时化分布需求计划方法》,《控制与决策》2000 年第 5 期。

[99] C. Schneeweiss and K. Zimmer, "Hierarchical Coordination Mechanisms Within the Supply Chain", *European Journal of Operational Research*, 2004, 153.

[100] S. Starbird, "Penalties, Rewards, and Inspection: Provisions for Quality in Supply Chain Contracts", *Journal of*

the Operational Research Society, 2001, 52.

[101] 张翠华、黄小原:《非对称信息对供应链质量成本决策的影响》,《东北大学学报》(自然科学版) 2003 年第 3 期。

[102] Jonah Tyan, Hui-Ming Wee, "Vendor Managed Inventory: A Survey of the Taiwanese Grocery Industry", *Journal of Purchasing and Supply Management*, 2003, 9 (1).

[103] Yan Dong, Kefeng Xu, "A Supply Chain of Vendor Managed Inventory", *Transportation Research*, Part E, 2002 (33).

[104] Lee H. L., Padmanabhan P., Whang S., "Information Distortion in a Supply Chain: The Bullwhip Effect", *Management Science*, 1997, 43 (4).

[105] Chen F., Drezner, Ryan J. K. et al., "Quantifying the Bullwhip Effect in a Supply Chain: The Impact of Forecasting, Leadtimes, and Information", *Management Science*, 2000, 46 (3).

[106] S. M. Disney, D. R. Towill, "The Effect of Vendor Managed Inventory (VMI) Dynamics on the Bullwhip Effect", *International Journal of Production Economics*, 2003 (35).

[107] Kefeng Xu, Yan Dong, Philip T. Evens, "Towards Better Coordination the Supply Chain", *Transportation Research*, Part E, 2001, 37.

[108] Cachon, P. G. and M. A. Lariviere, "Contracting to Assure

Supply: How to Share Demand Forecasts in a Supply Chain", *Management Science*, 2001, 47 (5).

[109] Anupindi, R. and R. Akella, "An Inventory Model with Commitments", Northwestern University Working Paper, 1993.

[110] Paul V. Preckel, Allen Gray, Michael Boehlje and Sounghun Kim, "Risk and Value Chains: Participant Sharing of Risk and Rewards", *Chain and Network Science*, 2004.

[111] 尹云松、高玉喜、糜仲春：《公司与农户间商品契约的类型及其稳定性考察》，《中国农村经济》2003 年第 8 期。

[112] 王慧：《"公司+农户"契约特点与履约障碍》，《经济视角》（B 版）2005 第 11 期。

[113] 张兵、胡俊伟：《"龙头企业+农户"模式下违约的经济学分析》，《现代经济探讨》2004 年第 9 期。

[114] 刘志国：《农户与涉农企业契约关系研究》，中国农业大学硕士学位论文，2002。

[115] 蒋侃：《生鲜农产品供应链的分析及其优化》，《经营与管理》2005 年第 9 期。

[116] 丁伟东、刘凯、贺国先：《供应链风险研究》，《中国安全科学学报》2003 年第 4 期。

[117] 〔美〕奥利弗·威廉姆森：《交易费用经济学：契约关系的规制》，《法和经济学杂志》1979 年第 10 期。

[118] Martha Jensen and Gerard van Berk, "Object: A Symmetries in a Phase Theory of Syntax", *Proceedings of the*

2001 CLA Annual Conference, 2002 (3).

[119] Sanford Grossman and Oliver D. Hart, "The Cost and Benefit of Ownership: A Theory of Vertical and Lateral Integration", *Journal of Political Economy*, 1986.

[120] Oliver Hart and Moore, "Property Rights and the Nature of the Firm", *Journal of Political Economy*, 1990.

[121] Lee H. L. , So K. C. , Tang C. S. , "The Value of Information Sharing in a Two-level Supply Chain", *Management Science*, 2000, 46 (5).

[122] Tsay A. , Lovejoy W. , "Quantity Flexibility Contracts and Supply Chain Performance", *Manufacturing and Service Operations Management*, 1999.

[123] Cachon G. , Lariviere M. , "Contracting to Assure Supply: How to Share Demand Forecasts in a Supply Chain", *Management Science*, 2001, 47 (5).

[124] Terry A. Taylor, "Supply Chain Coordination under Channel Rebates with Sales Effort Effects ", *Management Science*, 2002, 48 (8).

[125] 罗定提、仲伟俊等:《分散式供应链中旁支付激励机制的研究》,《系统工程学报》2001 年第 3 期。

[126] 马新安:《供应链中的信息共享激励:动态模型》,《中国管理科学》2001 年第 1 期。

[127] Feldmann M. , Muller S. , "An Incentive Scheme for True Information Providing in Supply Chains ", *Omega*, 2003, 31 (1).

[128] 王勇、陈俊芳:《基于牛鞭效应的供应链最优委托权

安排》,《技术经济与管理研究》2003 年第 5 期。

[129] 常志平、蒋馥:《供应链中信息共享的层级及其影响因素分析》,《工业工程与管理》2003 年第 2 期。

[130] H. S. Lau and A. Hing-Ling Lau, "Manufacturer's Pricing Strategy and Return Policy for a Single-period Commodity", *European Journal of Operational Research*, 1999, 116.

[131] M. A. Fisher and A. Raman, "Reducing the Cost of Demand Uncertainty Accurate Response to Early Sales", *Operations Research*, 1996, 44.

[132] P. Patsuris, "Christmas Sales: The Worst Growth in 33 Years", October 30, 2001, http: //www. forbes. com/ 2001/10/30/1030retail. html.

[133] L. Eeckhoudt, C. Collier and H. Schlesinger, "The Risk-averse (and Prudent) Newsboy", *Management Science*, 1995, 41.

[134] V. Agrawal and S. Seshadri, "Impact of Uncertainty and Risk Aversion on Price end Order Quantity in the Newsvendor Problem", *Manufacturer & Service Operations Management*, 2000, 2 (4).

[135] R. Anupindi, "Supply Contracts with Quantity Commitments and Stochastic Demand", In S. Tayur, R. Ganeshan, and M. Magazine (eds.), *Quantitative Models for Supply Chain Management*, Boston, MA: Kluwer Academic Publishers, 1999.

[136] M. Khouja, "The Single-period (News-vendor) Problem:

Literature Review and Suggestions for Future Research", *Omega*, International Journal of Management Science, 27, 1999.

[137] S. D. Wu, R. Roundy, R. H. Storer and L. A. Martin-Vega, "Manufacturing Logistics Research: Taxonomy and Directions", Department of Industrial and Systems Engineering, Lehigh University Working Paper, 1999.

[138] M. E. Schweitzer and G. P. Cachon, "Decision Bias in the Newsvendor Problem with a Known Demand Distribution: Experimental Evidence", *Management Science*, 2000, 46 (3).

附　　录

附表 1　契约优化前供应链风险发生概率分类调查

一级因素	权重	二级因素	权重	风险发生概率				
				很小	较小	一般	较大	很大
终端市场风险	0.08	价格波动	0.5			1	10	2
		核心需求识别不足	0.1	7	6			
		响应时间过长	0.3		6		5	2
		其他意外事件	0.1	3	9	1		
信息传递风险	0.15	信息错误或失真	0.2	7	1	1	3	1
		信息延迟或失效	0.1	4	5	4		
		信息过度共享	0.1		5	8		
		逆向选择	0.1	1	1	4	7	
		败德行为	0.5			2	7	4
物流配送风险	0.10	货物灭损	0.6		2	1		10
		延时配送	0.3		8	1	4	
		错发错运	0.1	13				
加工技术风险	0.15	关键点选择与控制	0.1		6	5	2	
		温度控制	0.4	3			2	8
		药物残留检测	0.2	1		2	3	7
		重金属检测	0.2			2	2	9
		微生物检测	0.1		9		4	
贸易环境风险	0.20	GB、ISO22000、HACCP	0.4				7	5
		汇率（本币升值）	0.4					13
		反倾销	0.2			2	7	4

续表

一级因素	权重	二级因素	权重	风险发生概率				
				很小	较小	一般	较大	很大
伙伴违约风险	0.30	供货不能或不足	0.2			1	4	8
		以次充好	0.1	1	3	6	3	
		交易价偏离	0.2			6	7	
		利益与风险分享比例偏离	0.2		2	3		8
		合同欺诈	0.1	1	5	5	2	
		订购量偏离	0.1		2	7	1	3
		货款拖欠	0.05	3	7	3		
		奖励与惩罚约定偏离	0.05	12		1		
网络结构风险	0.02	供应网络风险	0.6	2	11			
		分销网络风险	0.4	12	1			

注：请根据供应链的实际运作情况，在认同的项上打钩。

附表2 契约优化前供应链风险危害度调查

一级因素	二级因素	危害评价指标	权重	风险危害度				
				很小	较小	一般	较大	很大
终端市场风险	价格波动	成本	0.3				10	3
		市场占有率	0.2			1	11	1
		响应速度	0.1	5	1	4	2	1
		客户满意度	0.4	2	2	4	2	3
	核心需求识别不足	成本	0.3	13				
		市场占有率	0.2	12	1			
		响应速度	0.1			2	7	4
		客户满意度	0.4				2	11
	响应时间过长	成本	0.3			4	5	4
		市场占有率	0.2				6	7
		响应速度	0.1					13
		客户满意度	0.4					13
	其他意外事件	成本	0.3					13
		市场占有率	0.2				5	8

一级因素	二级因素	危害评价指标	权重	风险危害度				
				很小	较小	一般	较大	很大
终端市场风险	其他意外事件	响应速度	0.1					13
		客户满意度	0.4		1	1	8	3
信息传递风险	信息错误或失真	成本	0.3				2	8	3
		市场占有率	0.2	1		5	5	2
		响应速度	0.1				4	9
		客户满意度	0.4				1	12
	信息延迟或失效	成本	0.3				11	2
		市场占有率	0.2				3	10
		响应速度	0.1				3	10
		客户满意度	0.4				7	6
	信息过度共享	成本	0.3	13				
		市场占有率	0.2	12	1			
		响应速度	0.1	13				
		客户满意度	0.4	13				
	逆向选择	成本	0.3		2	9	1	1
		市场占有率	0.2	1	3	7	1	1
		响应速度	0.1	1	1	4	5	2
		客户满意度	0.4	1	1		4	7
	败德行为	成本	0.3			2	9	2
		市场占有率	0.2	3	3	3	3	1
		响应速度	0.1	2	2	7		2
		客户满意度	0.4			4	8	1
物流配送风险	货物灭损	成本	0.3					13
		市场占有率	0.2	3	4	4	1	1
		响应速度	0.1				1	12
		客户满意度	0.4					13
	延时配送	成本	0.3	9	2	2		
		市场占有率	0.2			2	6	5
		响应速度	0.1					13
		客户满意度	0.4					13

一级因素	二级因素	危害评价指标	权重	风险危害度				
				很小	较小	一般	较大	很大
物流配送风险	错发错运	成本	0.3				4	9
		市场占有率	0.2			7	5	1
		响应速度	0.1					13
		客户满意度	0.4					13
加工技术风险	关键点选择与控制	成本	0.3		5	6	2	
		市场占有率	0.2		2	8	3	
		响应速度	0.1		2	8	3	
		客户满意度	0.4			3	1	9
	温度控制	成本	0.3					13
		市场占有率	0.2			3	9	1
		响应速度	0.1			2	6	5
		客户满意度	0.4			1	6	6
	药物残留检测	成本	0.3	2	3	8		
		市场占有率	0.2		4	6	3	
		响应速度	0.1		2	7	4	
		客户满意度	0.4					13
	重金属检测	成本	0.3	2	1	5	5	
		市场占有率	0.2	2	2	6	3	
		响应速度	0.1	1		7	3	2
		客户满意度	0.4					13
	微生物检测	成本	0.3		3	10		
		市场占有率	0.2	2	2	6	3	
		响应速度	0.1	1		7	3	2
		客户满意度	0.4					13
贸易环境风险	GB、ISO22000、HACCP	成本	0.3					13
		市场占有率	0.2					13
		响应速度	0.1			7	3	3
		客户满意度	0.4				6	7

一级因素	二级因素	危害评价指标	权重	风险危害度				
				很小	较小	一般	较大	很大
贸易环境风险	汇率（本币升值）	成本	0.3					13
		市场占有率	0.2					13
		响应速度	0.1	9	4			
		客户满意度	0.4	7	1	5		
	反倾销	成本	0.3					13
		市场占有率	0.2			4	8	1
		响应速度	0.1					13
		客户满意度	0.4			3	10	
伙伴违约风险	供货不能或不足	成本	0.3				8	5
		市场占有率	0.2				8	5
		响应速度	0.1					13
		客户满意度	0.4					13
	以次充好	成本	0.3	7	3	3		
		市场占有率	0.2				7	6
		响应速度	0.1	6	6	1		
		客户满意度	0.4					13
	交易价偏离	成本	0.3	10	1	1	1	
		市场占有率	0.2	9	2		2	
		响应速度	0.1			3	3	7
		客户满意度	0.4			1	12	
	利益与风险分享比例偏离	成本	0.3			5	5	3
		市场占有率	0.2	3	3	4	1	2
		响应速度	0.1		2		3	8
		客户满意度	0.4			1	5	7
	合同欺诈	成本	0.3					13
		市场占有率	0.2					13
		响应速度	0.1					13
		客户满意度	0.4					13

一级因素	二级因素	危害评价指标	权重	风险危害度				
				很小	较小	一般	较大	很大
伙伴违约风险	订购量偏离	成本	0.3					13
		市场占有率	0.2			4	8	1
		响应速度	0.1			1	7	5
		客户满意度	0.4			11	2	
	货款拖欠	成本	0.3				6	7
		市场占有率	0.2	5	5	3		
		响应速度	0.1				7	6
		客户满意度	0.4	1	4	8		
	奖励与惩罚约定偏离	成本	0.3				10	3
		市场占有率	0.2			7	5	1
		响应速度	0.1	4	4	3	1	1
		客户满意度	0.4	4	2	7		
网络结构风险	供应网络风险	成本	0.3	2	3	1	4	3
		市场占有率	0.2	1	5		7	
		响应速度	0.1				12	1
		客户满意度	0.4		2	10		1
	分销网络风险	成本	0.3	5	2		6	
		市场占有率	0.2			2	9	2
		响应速度	0.1				3	10
		客户满意度	0.4				1	12

注：请根据供应链的实际运作情况，在认同的项上打钩。

附表3　契约优化后供应链风险发生概率分类调查

一级因素	权重	二级因素	权重	风险发生概率				
				很小	较小	一般	较大	很大
终端市场风险	0.08	价格波动	0.5			1	10	2
		核心需求识别不足	0.1	7	6			
		响应时间过长	0.3		6		5	2
		其他意外事件	0.1	3	9	1		

续表

一级因素	权重	二级因素	权重	风险发生概率				
				很小	较小	一般	较大	很大
信息传递风险	0.15	信息错误或失真	0.2	7	1	1	3	1
		信息延迟或失效	0.1	4	5	4		
		信息过度共享	0.1		5	8		
		逆向选择*	0.1	1	5	5	2	
		败德行为*	0.5	2	6	3	2	
物流配送风险	0.10	货物灭损*	0.6	1	1	1		10
		延时配送*	0.3	4	4	1	4	
		错发错运	0.1	13				
加工技术风险	0.15	关键点选择与控制	0.1		6	5	2	
		温度控制	0.4	3			2	8
		药物残留检测	0.2	1		2	3	7
		重金属检测	0.2			2	2	9
		微生物检测	0.1		9		4	
贸易环境风险	0.20	GB、ISO22000、HACCP	0.4				7	5
		汇率（本币升值）	0.4					13
		反倾销	0.2			2	7	4
伙伴违约风险	0.30	供货不能或不足*	0.2	4		2	5	2
		以次充好*	0.1	4	6	3		
		交易价偏离*	0.2		7	6		
		利益与风险分享比例偏离*	0.2	2	5	4	2	
		合同欺诈	0.1	1	5	5		
		订购量偏离*	0.1	3	7	2		1
		货款拖欠*	0.05	6	5	2		
		奖励与惩罚约定偏离*	0.05	13				
网络结构风险	0.02	供应网络风险*	0.6	5	8			
		分销网络风险*	0.4	13				

注：请根据供应链的实际运作情况，在认同的项上打钩。＊表示契约优化后风险有变动。

附表4 契约优化后供应链风险危害度调查

一级因素	二级因素	危害评价指标	权重	风险危害度				
				很小	较小	一般	较大	很大
终端市场风险	价格波动	成本	0.3				10	3
		市场占有率	0.2			1	11	1
		响应速度	0.1	5	1	4	2	1
		客户满意度	0.4	2	2	4	2	3
	核心需求识别不足	成本	0.3	13				
		市场占有率	0.2	12	1			
		响应速度	0.1			2	7	4
		客户满意度	0.4				2	11
	响应时间过长	成本	0.3			4	5	4
		市场占有率	0.2				6	7
		响应速度	0.1					13
		客户满意度	0.4					13
	其他意外事件	成本	0.3					13
		市场占有率	0.2				5	8
		响应速度	0.1					13
		客户满意度	0.4			1	1	8	3
信息传递风险	信息错误或失真	成本	0.3			2	8	3
		市场占有率	0.2	1		5	5	2
		响应速度	0.1				4	9
		客户满意度	0.4				1	12
	信息延迟或失效	成本	0.3				11	2
		市场占有率	0.2				3	10
		响应速度	0.1				3	10
		客户满意度	0.4				7	6
	信息过度共享	成本	0.3	13				
		市场占有率	0.2	12	1			
		响应速度	0.1	13				
		客户满意度	0.4	13				

续表

一级因素	二级因素	危害评价指标	权重	风险危害度				
				很小	较小	一般	较大	很大
信息传递风险	逆向选择*	成本*	0.3	2	6	5		
		市场占有率	0.2	1	3	7	1	1
		响应速度	0.1	1	1	4	5	2
		客户满意度	0.4	1	1		4	7
	败德行为*	成本*	0.3		2	6	3	2
		市场占有率	0.2	3	3	3	3	1
		响应速度	0.1		2	2	7	2
		客户满意度	0.4			4	8	1
物流配送风险	货物灭损	成本	0.3					13
		市场占有率	0.2	3	4	4	1	1
		响应速度	0.1				1	12
		客户满意度	0.4					13
	延时配送	成本	0.3	9	2	2		
		市场占有率	0.2			2	6	5
		响应速度	0.1					13
		客户满意度	0.4					13
	错发错运	成本	0.3				4	9
		市场占有率	0.2			7	5	1
		响应速度	0.1					13
		客户满意度	0.4					13
加工技术风险	关键点选择与控制	成本	0.3		5	6	2	
		市场占有率	0.2		2	8	3	
		响应速度	0.1		2	8	3	
		客户满意度	0.4			3	1	9
	温度控制	成本	0.3					13
		市场占有率	0.2			3	9	1
		响应速度	0.1			2	6	5
		客户满意度	0.4			1	6	6

一级因素	二级因素	危害评价指标	权重	风险危害度				
				很小	较小	一般	较大	很大
加工技术风险	药物残留检测	成本	0.3	2	3	8		
		市场占有率	0.2		4	6	3	
		响应速度	0.1		2	7	4	
		客户满意度	0.4					13
	重金属检测	成本	0.3	2	1	5	5	
		市场占有率	0.2	2	2	6	3	
		响应速度	0.1	1		7	3	2
		客户满意度	0.4					13
	微生物检测	成本	0.3		3	10		
		市场占有率	0.2	2	2	6	3	
		响应速度	0.1	1		7	3	2
		客户满意度	0.4				13	
贸易环境风险	GB、ISO22000、HACCP	成本	0.3					13
		市场占有率	0.2					13
		响应速度	0.1			7	3	3
		客户满意度	0.4				6	7
	汇率（本币升值）	成本	0.3					13
		市场占有率	0.2					13
		响应速度	0.1	9	4			
		客户满意度	0.4	7	1	5		
	反倾销	成本	0.3					13
		市场占有率	0.2			4	8	1
		响应速度	0.1					13
		客户满意度	0.4			3	10	
伙伴违约风险	供货不能或不足	成本*	0.3				8	5
		市场占有率	0.2				8	5
		响应速度	0.1					13
		客户满意度	0.4					13

续表

一级因素	二级因素	危害评价指标	权重	风险危害度				
				很小	较小	一般	较大	很大
伙伴违约风险	以次充好*	成本*	0.3	7	3	3		
		市场占有率	0.2				7	6
		响应速度	0.1	6	6	1		
		客户满意度	0.4					13
	交易价偏离*	成本*	0.3	10	3			
		市场占有率	0.2	9	2		2	
		响应速度*	0.1	4	5	3	1	
		客户满意度*	0.4		3	5	5	
	利益与风险分享比例偏离	成本*	0.3			5	5	3
		市场占有率	0.2	3	3	4	1	2
		响应速度	0.1		2		3	8
		客户满意度	0.4			1	5	7
	合同欺诈	成本	0.3					13
		市场占有率	0.2					13
		响应速度	0.1					13
		客户满意度	0.4					13
	订购量偏离*	成本*	0.3			6	7	
		市场占有率*	0.2	5	6	2		
		响应速度*	0.1		12	1		
		客户满意度*	0.4			7	4	2
	货款拖欠	成本	0.3				6	7
		市场占有率	0.2	5	5	3		
		响应速度	0.1				7	6
		客户满意度	0.4	1	4	8		
	奖励与惩罚约定偏离	成本*	0.3				10	3
		市场占有率	0.2			7	5	1
		响应速度	0.1	4	4	3	1	1
		客户满意度	0.4	4	2	7		

续表

一级因素	二级因素	危害评价指标	权重	风险危害度				
				很小	较小	一般	较大	很大
网络结构风险	供应网络风险	成本*	0.3	2	3	1	4	3
		市场占有率	0.2	1	5		7	
		响应速度	0.1				12	1
		客户满意度	0.4		2	10		1
	分销网络风险	成本*	0.3	5	2		6	
		市场占有率	0.2			2	9	2
		响应速度	0.1				3	10
		客户满意度	0.4				1	12

注：请根据供应链的实际运作情况，在认同的项上打钩。*表示契约优化后风险有变动。

图书在版编目（CIP）数据

基于契约优化的供应链风险研究：以农产品供应链为例/徐峰著.
—北京：社会科学文献出版社，2014.1
（管理科学与工程丛书）
ISBN 978 - 7 - 5097 - 4765 - 0

Ⅰ.①基… Ⅱ.①徐… Ⅲ.①农产品贸易 - 供应链管理 -
风险管理 - 研究 - 中国 Ⅳ.①F724.72

中国版本图书馆 CIP 数据核字（2013）第 142104 号

·管理科学与工程丛书·
基于契约优化的供应链风险研究
——以农产品供应链为例

著　　者 / 徐　峰

出 版 人 / 谢寿光
出 版 者 / 社会科学文献出版社
地　　址 / 北京市西城区北三环中路甲 29 号院 3 号楼华龙大厦
邮政编码 / 100029

责任部门 / 经济与管理出版中心（010）59367226　　　　责任编辑 / 冯咏梅
电子信箱 / caijingbu@ ssap. cn　　　　　　　　　　　　责任校对 / 王洪强
项目统筹 / 恽　薇　冯咏梅　　　　　　　　　　　　　　责任印制 / 岳　阳
经　　销 / 社会科学文献出版社市场营销中心（010）59367081　59367089
读者服务 / 读者服务中心（010）59367028

印　　装 / 三河市尚艺印装有限公司
开　　本 / 787mm×1092mm　1/20　　　　　印　　张 / 10.8
版　　次 / 2014 年 1 月第 1 版　　　　　　　字　　数 / 161 千字
印　　次 / 2014 年 1 月第 1 次印刷
书　　号 / ISBN 978 - 7 - 5097 - 4765 - 0
定　　价 / 49.00 元